KB109435

가족의 발견

지은이 최광현은 한세대학교 상담대학원 가족상담학과 주임교수이자 트라우마가족치료 연구소장이다. 연세대학교 대학원을 마치고 독일 본대학교에서 가족상담학으로 박사학위를 받았다. 독일 본대학병원 임상상담사와 루르(Ruhr)가족치료센터 가족치료사로 활동하였다. 지은 책으로 『가족의 두 얼굴』, 『나는 남자를 버리고 싶다』, 『가족세우기 치료』, 『인형 치료』 등이 있다. (트라우마가족치료 연구소 www.traumafamilytherapy.com)

그린이 윤나리는 프리랜서 일러스트레이터로, 여성이 살아가는 이야기에 관심을 가지고 여성을 주제로 한 그림을 많이 그리고 있다. 한국여성민우회, 반성매매인권단체 이룸, 인권위원회 등과 다수의 그림 작업을 하였다. (yoonnari.com)

가족의 발견

2014년 12월 19일 초판 1쇄 발행
2022년 7월 11일 초판 11쇄 발행

지은이 최광현
그린이 윤나리
펴낸곳 부키(주)
펴낸이 박윤우
등록일 2012년 9월 27일
등록번호 제312-2012-000045호
주소 03785 서울 서대문구 신촌로3길 15 산성빌딩 6층
전화 02) 325-0846
팩스 02) 3141-4066
홈페이지 www.bookie.co.kr
이메일 webmaster@bookie.co.kr
제작대행 올인피앤비 bobys1@nate.com
ISBN 978-89-6051-448-5 03180

가족에게 더 이상 상처받고 싶지 않은
나를 위한 심리학

가족의 발견

최광현 지음

부·키

이 책을 우리 가족에게 바친다. 원고를 쓸 때마다 그날 저녁 아내에게 읽어 주면서 조언을 듣고 내용을 수정했다. 아내의 사려 깊은 조언에 감사한다. 아빠에게 '나대지 말라고' 늘 충고해 주는 아들 녀석에게도 감사를 전한다. 아들은 언제나 나의 지난날을 비쳐 주는 거울이다.

그리고 무엇보다 나의 성장을 늘 묵묵히 응원해 주신 어머니, 아버지에게 감사 드린다.

— 서문 —

나의 상처를 바로 볼 때 변화가 시작된다

초등학교 3학년 때 나는 인생에서 가장 아픈 상처를 경험했다. 오랜 시간이 지난 지금도 그때의 아픔과 고통이 가슴 한편에 남아 있다. 당시 가장이었던 아버지가 부득이하게 실직을 하셨다. 그와 동시에 부모님이 싸우는 횟수가 늘었다. 불안과 근심이 우리 집을 엄습했고 나는 그런 집에 있고 싶지 않았다. 다행히 나에게는 친한 친구가 하나 있었다. 그 친구와 매일 어울려 놀았다. 그러던 어느 날 친구가 말 그대로 청천벽력 같은 말을 했다.

"우리 엄마가 너하고 놀지 말래! 이젠 우리 집에 놀러 오면 안 된대!"

왜 그래야 하는지 물었더니, 아버지의 실직에 따른 우리 집의 가난이 원인이었다. 실직 기간이 길어지면서 우리 집은 셋방살이를 하게 됐고, 아버지의 실직이 동네 사람들에게 알려져 동정을 받았으며 한편으로는 아버지를 가리켜 한심한 인물이라는 말이 돌기도 했다.

알랭 드 보통(Alain de Botton)이 "현대에서 가난은 돈이 부족한 것이 아닌 수치가 되어 버렸다."고 말했듯, 당시 우리 집의 가난은 내가 이해할 수도 없고 받아들일 수도 없는 수치를 안겨 주었다.

친구가 그 말을 한 후에도 우리는 함께 놀았고 그때마다 친구는 엄마에게 매를 맞았다. 그러다 어느 순간 더는 함께 놀지 않게 되었다. "왜 그 친구와 안 노니?"라는 부모님의 질문에 나는 대답을 할 수가 없었다. 당시 그 친구의 아버지는 은행에서 일하고 있었다. 아마도 그 엄마는 은행원의 아들이 실직자의 아들과 어울리는 것이 교육상 좋지 않다고 여겼던 것 같다. 그 이후 나는 '은행원은 싫어'라 한다. 누가 은행에 취직했다고 하면 "별 볼일 없는 회사에 왜?"라며 비딱하게 말하기도 한다.

내가 가진 환경과 조건 때문에 친구와 헤어지는 고통을 경험한 후 나는 외롭고 우울한 아이가 되어 버렸다. 자신감을 잃어버렸고 친구를 잘 사귀지 못했다. 요즘 같으면 놀이치료 등을 통해 상처를 다독이고 회복할 수 있는 기회가 많지만 당시에는 그런 프로그램이 없었다. 하굣길에 다른 아이들은 친구들과 짝을 이루어 즐겁게 수다를 떨거나 함께 가게며 문방구에 들렀지만 나는 언제나 혼자였다.

이러한 경험을 아무렇지 않게 이야기할 수 있게 된 것도 최근 들어서이다. 나에게는 그렇게 오래도록 고통스러운 일이었다. 그런데 얼마 전 내가 상담을 직업으로 선택하고 가족의 상처와 고통에 대해 연구할 수 있게 한 원동력이 그때의 경험이었다는 것을 깨달았다. 그때의 경험이 나로 하여금 다른 사람들의 외로움과 고통, 상처에 관심을 갖게 했던 것이다.

유학 시절 나는 그야말로 지독하게 공부했다. 주변 사람들에게 독종이라는 말을 들을 정도였다. 인생의 마지막 학업에서 절대 실패하고 싶지 않았다. 그리고 그 밑바닥에는 가난이라는 수치를 내 가족에게 물려주고 싶지 않다는 간절한 바람이 있었다. 다행히 나는 오랜 유학 생활을 잘 마치고 한국에 돌아와 나의 길을 개척할 수 있었다.

상처는 우리 인생에서 가장 큰 자기 성장 동력이다. 상처에는 그 어떤 의미가 있고 인생의 과제가 숨어 있기 때문이다. 우리는 살아가는 중에 그 심오한 의미를 찾아 우리 인생에 녹여내야 한다.

나치의 강제수용소에서 인간이 겪을 수 있는 극단의 고통을 경험한 정신과 의사 빅터 프랭클(Viktor Frankl)은 "인간이 가진 가장 큰 고통은 외적인 고통이 아니라 의미를 찾지 못하는 것"이라고 말했다. 고생 그 자체가 힘든 게 아니다. 죽을 만큼 고생했는데, 그 고생이 쓰레기통에 들어갈 휴지 조각처럼 아무 가치 없는 것이라고 생각될 때 고통이 온다. 힘이 들어도 의미를 부여할 수 있다면 자신의 삶에 자랑거리가 되고 소중한 추억이 된다.

"작가의 가장 중요한 자본은 불행했던 어린 시절"이라고 헤밍웨이(Ernest Hemingway)는 말했다. 우리 인생에서 정말 중요한 것은 자신의 상처에 어떤 의미를 부여하느냐이다. 상처가 행복과 성장을 위한 자원이 될지, 아니면 부정적인 삶의 원천이 되어 불행을 전염시키는 병균으로 자랄지는 전적으로 자기 자신에게 달려 있다.

독일의 정신분석가인 볼프강 로흐(Wolfgang Loch)는 정신분석 담론의 핵심은 "문제와 갈등에 새로운 의미를 창안하려는 노력"이라고 말했다. 자기 인생에 고통과 불행을 가져다준 상처, 그것을 바라보는 관점의 변화는 '고통과 불행의 의미'를 발견함으로써만 가능하다. 한번 고정된 관점은 잘 변하지 않기 때문에 관점을 바꾸려고 애쓰기보다는 의미를 새롭게 발견하는 일부터 시작해야 한다.

불행에 대한 새로운 의미 부여는 우리에게 상처를 바라보는 새로운 시선을 제공한다. 상처의 궁극적 도착 지점은 상처의 해결이 아닌 성장이다. 자신의 의지와 상관없이 찾아온 상처에 대응하는 과정에서 뜻하지 않은 소중한 가치들을 얻게 되는 것이다. 상처는 적과 같은 존재이기보다는, 소중한 가치들을 발견케 하고 그것을 삶 속에 더할 수 있도록 돕는 존재이다.

얼마 전, 아버지에 대한 분노로 늘 가슴이 답답하다며 나를 찾아온 여성이 있다. 그녀는 상담실 문을 열고 들어올 때부터 유독 안절부절못하는 모습을 보였다. 상담 의자에 앉아서도 나와 눈을 잘 마주치지 못하고 연신 자세를 고쳐 앉았다.

나는 평소처럼 차분하게 내담자의 이야기에 귀를 기울였다. 그녀의 아버지는 월남전 상이용사로 전쟁에서 최고 훈장을 받은 분이었다. 그러나 자식들에게는 너무나 냉혹했다. 추운 겨울밤 아이들을 마당에 집합시키고 차가운 얼음 위에서 뒹굴게 하는 일은 예사였고, 그녀가 열두 살 때는 직접 뱀을 죽여서 먹게 했다. 여름이면 호수 한가운데에 빠뜨려 죽자 살자 헤엄쳐 나오게 하였다.

"아버지는 언제나 해병대 조교처럼 행동했어요."

그녀는 아버지를 이해할 수 없었다. 지금까지도 아버지를 떠올릴 때면 분노가 치밀어 오르거나 한없이 우울해졌다. 그렇게 과거의 상처로 인해 계속 고통받고 있었다.

상담이 진행되면서 그녀는 자신의 내면뿐 아니라 아버지의 내면까지 들여다보게 되었다. 아버지가 자식들을 냉정하게 대했던 것은 일부러 그런 것이 아니라 그 자신의 좁은 시야 때문이었다는 것을 알게 되었다. 아버지는 전쟁으로 트라우마를 입은 피해자였다. 사실 트라우마가 크면 클수록 시야는 좁아지게 마련이다. 상황을 넓게 볼 수 없기 때문에 보통 사람보다 더 크게 불안해하고 긴장하고 더 부정적으로 사고하고 판단한다. 그리고 그러한 모든 것은 자신의 의지와 상관없이 주변 사람들을 힘들게 하는 요인이 된다.

아버지의 하루하루는 전쟁터와도 같았기 때문에 자녀들이 거기서 살아남도록 극기 훈련을 시켰던 것이다. 그녀는 상담을 통해 아버지의 그러한 의도를 알게 되었다. 세상에 대한 아버지의 시각에 공감할 수는 없지만 아버지의 행동에 숨은 의미를 알게 되면서 그녀의 삶에 변화가 찾아왔다.

가족치료는 과거 가족에게서 받은 상처를 잊게 하거나 애써 무시하도록 하는 것이 아니라 상처, 그리고 트라우마를 바라보는 관점의 변화를 이끌면서 자연스레 이루어진다. 얼마 전 미국의 사회학자들이 한순간에 백만장자가 된 로또 당첨자들과 사고로 휠체어 신세가 되는 등 불행에 빠진 사람들을 대상으로 삶에 대한 만족도를 조사했다. 그에 따르면 백만장자의 갑작스러운 행운이 행복한 삶을 보장해 주지 않았고, 척추 마비 역시 삶의 만족도에 그다지 영향을 주지 못했다. 삶의 만족도에 영향을 준 것은 물리적 환경이 아니라 삶에 대해 어떤 시각(관점)을 갖고 있는가였다.

심리 상담에서 '의미 전환', '재구성', '긍정적 피드백'이라고 부르는 치료 기법들은, 자신이 겪고 있는 고통과 갈등을 새로운 시각으로 볼 수 있게 도와준다. 고통을 유발하는 환경을 바꿀 수는 없어도 고통을 겪는 사람에게 긍정적인 변화를 가져온다. 어떤 사건이나 문제 행동에 새로운 의미를 부여하면 그에 대한 개인의 관점뿐 아니라 가족 전체의 관점도 바뀐다. 새로운 의미 부여나 의미의 전환은 내면의 판단 기준과 사고의 틀에 영향을 주고, 부정적인 측면 반대편에 있는 긍정적 측면을 보고 느끼고 생각하고 행동하게 함으로써 스스로 문제를 해결하는 효과적인 치료 과정이 된다.

관점은 인류 역사상 가장 위대한 발명 중 하나인 원근법의 발견에서 시작되었다. 원근법은 그림을 바라보는 사람에게 눈이 어디를 향해야 하는지 알려 주어 화가가 바라본 풍경을 그대로 따라 보게 만든다. 여기서 중요한 것이 소실점(실제로는 평행하는 직선을 투시도상에서 멀리 연장했을 때 하나로 만나는 점)이다. 화가는 한곳을 소실점으로 정하고 그곳을 중심으로 그림을 그려 나간다.

우리는 풍경 그 자체를 조망하는 것이 아니라 기준점을 중심으로 풍경을, 그리고 그 외에 다른 것들을 본다. 그림의 전체 구도는 관점의 위치에 따라 달라지기에 객관적인 것은 존재하지 않는다. 동일한 풍경이라도 어디에다 기준점을 찍고 바라보는가에 따라 전혀 다르게 보일 수 있다. 이 소실점은 바로 우리가 세상을 바라보는 관점이다.

지난겨울 나는 의미의 발견, 그리고 관점의 변화와 관련해 중요한 경험을 하였다.

해마다 크리스마스 전날이면 우리 식구는 여동생네 식구, 부모님과 함께 저녁 식사를 하면서 한 해를 마무리한다. 지난해에는 내가 그 모임을 주최했는데, 크리스마스를 이십여 일 앞두고 인터넷으로 저녁 식사를 할 식당을 찾아보고 직접 가서 맛보는 등 갖은 애를 썼다.

그렇게 장소 섭외 문제로 동분서주하다 지친 마음에 아내에게, "도대체 식당 하나 예약하는 것도 나는 왜 이렇게 힘이 들지?" 하며 자조 섞인 질문을 던졌다. 그러자 아내는 "그야 당신이 가족들에게 정말로 잘해 주고 싶어서 그런 거지."라고 했다.

그랬다. 연말을 앞두고 쏟아지는 모임 약속과 강의, 상담 때문에 정신없이 뛰어다니는 가운데에서도 그깟 식당 예약 하나 때문에 골머리를 썩었던 진짜 이유는, 식당 결정이 어려워서가 아니라 가족들을 잘 대접하고 싶은 마음 때문이었다. '맞아! 내가 무엇 하나 제대로 결정 못하는 우유부단한 성격은 아니지. 정말로 가족들에게 잘해 주고 싶기 때문이야.'라고 나의 힘듦에 대해 그 의미를 전환하자, 순간 마음이 따뜻해지고 편안해졌다.

살다 보면 우리는 힘든 일을 많이 겪을 수 있다. 마음이 다치고 상하는 일도 많다. 때론 그로 인해 트라우마가 생기기도 한다. 트라우마는 그것을 겪은 사람으로 하여금 세상과 다른 사람들을 바라볼 때 지나치게 자기중심적이거나 부정적으로 보게 만든다. 불신에 찬 눈으로 세상을 바라보고, 세상으로부터 스스로를 보호하고자 왜곡된 관점을 더욱 견고하게 구축한다. 그러면 그럴수록 자신은 점점 고립되고 가족과 친구들로부터 격리되어 혼자가 된다.

심리학이 여기서 도움을 줄 수 있는 부분은 고통의 기억을 없애 주거나 부정적인 감정들을 해소해 주는 것이 아니다. 심리학은 트라우마를 바라보는 관점을 변화시켜 준다. 회피하지 않고 현실을 있는 그대로 바라보게 해 준다. 사고의 틀을 바꾸어, 지금까지와는 다른 시각으로 자신의 상처를 바라보는 것에서부터 트라우마는 회복될 수 있다. 그리고 이때 가족과의 따뜻한 소통과 공감은 큰 힘이 된다. 가족은 때로 우리에게 아픔과 고통의 원인이 되기도 하지만, 그래서 벗어나고 싶기도 하지만, 그럼에도 우리의 마지막 안식처이자 피난처인 것이다.

차례

서문_ 나의 상처를 바로 볼 때 변화가 시작된다 *6*

1부 착한 사람

착한 사람이 왜 행복하지 못할까? *21*

내 안에는 지킬 박사와 하이드가 산다 *30*

평범한 일상의 또 다른 얼굴, 권태 *36*

10년 동안 스스로를 집에 가둔 남자 *43*

나는 내 삶의 주인인가? *50*

누구나 가슴에 아픔을 간직하고 산다 *59*

나는 죽고 싶다? 사랑받고 싶다? *69*

"이제 그만 생각을 멈추세요" *79*

2부 상처받은 가족

빚보다 무서운 불행의 대물림 *91*

가족에 불행을 불러오는 3종 세트 *100*

아버지도 가끔은 울어야 한다 *108*

가족의 문제를 떠안고 있는 아이 *114*

얼굴만 보면 싸우는 부부, 성격 차이 때문일까? *120*

가족을 지키려 했지만 가족 밖으로 쫓겨난 남자 *129*

자상한 아빠? 알고 보면 불안감이 높은 아빠 *138*

"독립해라. 하지만 내 품을 떠나진 마라!" *146*

3부 가족의 발견

가족이 가족에게 그림자를 투사하다 157

아들이 아버지를, 딸이 어머니를 모방하다 166

아빠의 한숨 소리에 다 같이 우울해지는 이유 174

가족은 살아 있는 하나의 유기체이다 182

가족 안에서 분명한 내 자리 찾기 189

거미줄처럼 얽혀 있는 가족의 운명 197

가족의 불행을 내 속에 품다 207

4부 나와 가족을 보듬다

혼자가 아닌 함께여서 더 외로운 남과 여 *221*

공감의 부재가 가져온 가족의 불행 *229*

가족에게 공감하기, 그리고 변화하기 *239*

아들의 행복이 나의 행복이 되는 이유 *249*

나와 가족의 새로운 이야기를 만들다 *255*

갈등의 악순환에서 행복의 선순환으로 *263*

그럼에도 가족은 우리의 마지막 피난처다 *271*

후기_ 인생의 고단함과 고통을 아는 사람들에게 보내는 메시지 〈세한도〉 *281*

1부

“착한 사람”

우리가 가장 힘들게 느끼는 외로움은 혼자 있을 때가 아니라 누군가와 함께 있을 때이다. 사랑하는 사람들과 함께 있을 때 느끼는 외로움은 뼛속까지 사무친다. 가족 안에서 마음의 안정과 따뜻함을 느끼지 못한 채, 늘 긴장하고 눈치를 봐야 한다는 것은 너무 고통스러운 일이다. 어릴 때부터 이렇게 살아와서 만성이 되었고 익숙해졌다고 하더라도 언제나 알 수 없는 외로움과 슬픔, 무기력을 갖고 살아야 한다.

착한 사람이 왜 행복하지 못할까?

나를 찾아오는 사람들의 대다수가 상담실이 아닌 사회에서 만났다면 '호감을 주거나 적어도 불편하지는 않은 사람들'이라는 사실에 의문을 갖게 되었다. 왜 착한 사람들이 상담실에 차고 넘칠까?

* * *

1988년 서울올림픽 때 일이다. 요트, 남자, 470급에 출전한 캐나다의 로런스 르뮤(Laurence Lemieux)는 경기 도중 갑자기 불어온 강풍에 싱가포르 선수들이 바다에 빠지는 것을 보았다. 2위로 달리던 르뮤는 즉시 바다로 뛰어들어 경쟁팀인 싱가포르 선수들을 구해 내고 자신은 22위로 밀려났다.

사실 안전 요원들이 있었기 때문에 르뮤가 아니어도 충분히 싱가포르 선수들을 구할 수 있는 상황이었다. 하지만 그는 도움이 필요한 사람을 그냥 지나치지 못했다. 그런 자신을 용납할 수 없었던 것이다. 그는 착한 사마리아인이었다. 그런데 그런 르뮤의 행동을 지켜본 캐나다 선수단과 국민의 마음은 어떠했을까? 위대한 스포츠맨 정신이라고 마냥 추켜세우기엔 뒷맛이 조금 씁쓸하지 않았을까? 바로 눈앞에서 메달을 놓쳤으니 말이다.

심리 상담 현장에서 늘 느끼는 것이지만, 상담실을 찾아와 도움을 요청하는 사람들은 모두 착한 사마리아인이다. 인간적으로 볼 때 좋은 사람이다. 다른 사람에게 피해를 주기 싫어하고 선한 성품으로 성실하게 살아왔다. 물론 아주 가끔 인간적으로 나쁜 사람도 상담실에 찾아오기는 한다. 그들은 늘 타인을 의심하고 매사에 부정적이고 문제가 생기면 무조건 남 탓을 한다. 한마디로 마음이 꼬여 있다. 상담실에 와서도 말꼬투리를 잡아 상담을 종결하거나 자기의 생각과 견해로 오히려 상담자를 조정하려 한다. 그러다가 뜻대로 안 되면 화를 내고 떠나가 버린다.

오랫동안 상담을 하면서 나를 찾아오는 사람들의 대다수가 상담실이 아닌 사회에서 만났다면 '호감을 주거나 적어도 불편하지는 않은 사람들'이라는 사실에 의문을 갖게 되었다. 왜 착한 사람들이 상담실에 차고 넘칠까? 착하게 살아왔는데 왜 삶의 만족과 행복은 멀리 있을까?

— 착하게 살면 모든 것이 잘되는, 흥부의 법칙 —

우리는 어릴 때부터 "착해야 한다."는 말을 수없이 들어 왔고 또 착하게 행동했을 때는 칭찬과 격려를 받았다. 동화는 '착한 사람이 복을 받고 악한 사람이 망한다'는 내용의 이야기를 통해 앞으로 착하게 살아야 한다는 메시지를 우리 안에 심어 주었다.

아이들은 자연스레 착한 아이가 되기로 마음먹는다. 자기 것을 기꺼이 동생에게 양보하고 자신이 손해 보는 것을 감수하며 힘들 때 짜증을 내거나 투정을 부리지 않고 참아 낸다. 어른들은 이런 아이에게 대견하고 듬직하고 예쁘다고 하며 사랑과 관심을 더욱 보여 주고 무엇보다 아이를 믿어 준다. 그것이 아이로 하여금 더 착한 아이가 되도록 스스로를 조절하고 억제하게 하며 착하지 않은 것으로 규정되는 행동을 했을 때 죄책감을 느끼게 한다.

"착해야 한다."는 언어의 족쇄 아래 아이는 공부에 매진하기도 하고 착한 말과 행동에 집착하기도 하고, 그러는 가운데 사람들이 말하는 모범생이 되기도 한다.

'착하면 모든 것이 잘된다'는 착한 사마리아인의 세계는 아이가 가정의 울타리를 벗어나면서 막을 내린다. 이제 혼자 힘으로 삶을 개척해야 하는 시기를 맞은 것이다. 착하면 모든 것이 용인되던 세계를 떠나 능력과 투지를 필요로 하는 경쟁 세계로 내몰린 그들의 삶에는 착하면 잘된다는 흥부의 법칙이 더 이상 적용되지 않는다.

우리가 살아가는 시대는 무한 경쟁이 게임의 규칙이 되어 버린 지 오래다. 동네마다 거리마다 상점 간판이 수시로 바뀐다. 간판이 한 번 바뀔 때마다 실패와 좌절을 겪는 한 사람이 있고, 그와 함께 실패의 아픔을 겪어야 할 가족이 있다. 무한 경쟁은 승자에게 엄청난 부와 영광을 안겨 주지만 세상에 영원한 승자는 없다. 누구나 불안감에 시달린다.

특히나 착한 사마리아인들은 자신들이 믿고 있던 삶의 법칙과 방식이 더 이상 통용되지 못한다는 사실에 고통스러워한다. 그 주변 사람들은 자신처럼 다른 사람을 위해 불이익을 감수하지 않는다. 상대가 무너질 때까지 끝까지 싸우고 일말의 동정심도 보이지 않는다.

이제 선하게 행동하면 그것이 다시 선함으로 돌아온다는 흥부의 법칙은 존재하지 않는다. 남에게 싫은 소리를 못해서 불편함을 감수하거나, 경쟁자와 힘든 관계를 유지하기보다 한발 물러나서 서로 편한 관계를 만들거나, 남을 쉽게 믿어서 사기를 당하거나, 동업자의 편의를 지나치게 봐주다 힘든 상황에 처한 이들은 점차 손해, 실패, 좌절에 익숙해지기 시작한다. 상담실로 나를 찾아온 많은 사람들이 실제로 그랬다.

듀크 로빈슨(Duke Robinson)은 그의 책 『내 인생을 힘들게 하는 좋은 사람 콤플렉스(Good Intentions)』에서 "착한 사람들은 자신들이 왜곡된 사고의 틀에 길들여져 있다는 사실을 깨달아야 한다."고 말한다. 더 이상 착하기만 해서는 안 되는 현실을 받아들이라는 뜻이다. 그렇지만 착한 사마리아인들의 삶의 방식에 대한 듀크의 지적은 우리의 마음을 씁쓸하게 한다.

남을 좋아하고 신뢰하는 우리의 본성은 세상 모든 사회 조직의 밑바탕이 되며 사회를 움직이는 힘이 된다. 또한 타인을 배려하고 남을 위해 기꺼이 불이익을 감수하는 태도는 무한 경쟁 사회에서 균형을 유지하게 하는 원동력이 된다. 사실, 착한 사마리아인의 삶의 자세가 문제이기보다는 그들이 지나치게 타인의 시선으로 살아간다는 것이 문제이다.

— 타인의 시선으로 나를 보는, 착한 습관 —

착한 아이는 태어날 때부터 착한 아이로 태어난 게 아니다. 주변 환경과 어른들의 요구에 자신을 그렇게 맞춘 것이다. 그들은 타인의 시선으로 자기를 바라보는 습관을 갖고 있다. 그것은 아주 어릴 때 형성된 오래된 습관일 수 있다. 그리고 이러한 습관으로 인해 자기에게 더 엄격하고 통제적인 사람이 된다.

사회생활은 이러한 사람들에게 지뢰밭이다. 타인을 배려하고 상대방의 마음에 상처를 주지 않으려다 전투적으로 자기 의견을 주장하고 관철하려는 사람들에게 치이고 자기가 원하는 것을 분명하게 알고 있는 사람과의 경쟁에서 밀린다. 또 착한 사람들은 자기의 욕망을 인정하고 있는 그대로 표현하지 못하기 때문에 스스로 눈치 보는 관계를 만들고 힘들어할 수 있다. 심지어 치열한 경쟁 관계에서는 소극적인 태도를 취하다 손해를 보기도 한다.

사회생활에서 다른 사람들과 신경전을 벌이고 그 가운데 몰려오는 긴장과 갈등을 조절하기 위해서는 에너지가 자기 자신에게 집중되어 있어야 한다. 다른 사람들이 나를 어떻게 보고 나에게 무엇을 원하는가에 신경 쓰기보다 내가 무엇을 원하고 어떻게 해야 하는가에 집중해야 한다. 그러나 어린 시절부터 언제나 다른 사람의 눈으로 자신을 보아 온 습관은 이를 방해한다. 그러다 보면 언제나 갈등 회피를 선택하게 된다.

착한 사람들이 능력이 없어서 회피하는 것이 아니다. 경쟁과 갈등은 착해야 한다는 기존의 사고 틀과 충돌을 빚기 때문에, 그들은 경쟁과 갈등 그 자체보다는 자기 내면의 갈등으로 인해 달아나는 것이다.

착한 사람들이 가진 지나친 겸손과 조심성, 소극적인 태도는 종종 자기 안에 있는 능력을 발휘하지 못하게 만든다. 조금만 더 버티고 싸운다면 그의 인생에서 많은 기회를 얻을 수 있는데, 그렇게 하지 않고 물러난다. 자아실현 심리학의 창시자인 에이브러햄 매슬로(Abraham Maslow)는 이것을 '요나 콤플렉스'(Jonah complex)라고 불렀다.

—'진짜 나'로의 전환이 필요하다—

착한 사람이 요나 콤플렉스에서 벗어나 자신의 인생을 당당히 살아가기 위해서는 어린 시절 형성된 자기의 역할 가면, 즉 페르소나를 살펴보는 것이 필요하다. 우리는 태어났을 때 가족 안에서 제 역할을 부여받는다. 돌아보면 우리는 아들이고 딸이기에 무조건적으로 사랑을 받았다기보다는 주어진 역할에 충실할 때 사랑을 받았다.

부모는 자녀가 형제끼리 사이좋게 착하게 지내고, 친구들을 잘 사귀고, 예의 바르고 겸손한 인간으로 성장하기 바란다. 거기다가 운동과 공부까지 잘하면 금상첨화이다. 가족치료사 머레이 보웬(Murray Bowen)은 "부모의 바람에 적응하기 위해 '가짜 나'(pseudo-self)가 만들어지게 된다."고 말한다.

이처럼 부모가 제시하는 역할에만 맞추어 자아를 발달시키면 타인의 정서적 압력에 의해 쉽게 변하고, 독립적으로 생각하거나 판단하지 못하고 타인의 견해에 쉽게 동조하는 사람이 된다. 또 갈등 상황에 효율적으로 대처하지 못하고 회피를 하는 사람이 된다. 따라서 이런 '가짜 나'를 벗고 착해야 한다는 페르소나를 넘어, 주위 사람들의 정서적 압력에 굴하지 않는 독립적이고 융통성 있고 일관성 있는 '진짜 나'(solid-self)로의 전환이 필요하다.

'진짜 나'가 된다는 것은 스스로를 독립적이고 자율적인 한 사람으로 받아들이고 자기의 목소리와 생각을 존중하는 것이다. 자녀가 부모로부터 분리되어 다른 사람과의 관계에서 자율성을 잃지 않고 정서적으로 친밀감을 표현할 수 있는 것을 말한다. 이런 사람은 복잡한 가족 관계에서 객관적으로 서 있을 수 있고 가족 문제에 쉽게 휘말리지 않는다.

상담실에는 부모의 지나친 지배와 권위에 저항 한번 제대로 못해 본 사람들이 찾아온다. 이들은 성격이 삐뚤어지고 지나치게 이기적인 사람들과는 거리가 멀다. 다른 사람들보다 섬세하고 상냥한 이들이 가진 문제는 자신보다 가족을 더욱 사랑하고, 가족을 지키기 위해 자기의 에너지를 지나치게 소모하고 있다는 점이다. 그런데 이들 대부분은 그동안 자기가 '자기 없이 살아온' 사실을 몰랐다. 가족 안에서 끊임없이 발생하는 긴장과 갈등에 스스로 책임을 느끼고 자신의 삶을 운명으로 받아들이며 무기력하게 살아왔다.

사회생활 중에 누군가와 문제가 생겼을 때 시시비비를 가리지 않고 어느 한쪽이 먼저 잘못했다고 인정하고 사과한다고 해서 그것이 해결되지는 않는다. 덮어 놓고 무조건 사과했다고 문제가 끝나는 것이 아니란 얘기다. 그럴 경우, 문제에 책임을 져야 하는 더욱 힘든 과제가 주어진다.

싸우고 경쟁해야 할 때는 그렇게 해야 한다. 이것은 착한 사람이기를 포기해야 한다는 말이 아니다. 독일의 심리학자 하이코 에른스트(Heiko Ernst)는 "인간이 혹독한 자연환경 속에서 살아남을 수 있었던 비밀 병기는 타인과의 공생에서 반드시 필요한 공감 능력과 사회적 관계를 지속적으로 유지하게 하는 용서와 화해의 능력"이라고 말한다. 착한 사람들은 타인에 대한 공감, 용서와 화해의 능력이 뛰어난 사람들이다. 이들이 있기에 우리의 사회가 감동적일 수 있고 따뜻할 수 있다. 그러나 타인을 향해서만 공감하고 용서와 화해를 시도하기보다 자기 자신의 감정을 배려하는 것이 더 중요하다. 자신이 완벽하지 않아도, 허술해도, 무언가 실수하고 잘못을 해도, 이기적으로 행동해도, 그리고 때로는 착하지 않아도 자기의 부족한 부분을 인정하고 용서하고 화해할 수 있는 능력이 필요하다.

내 안에는 지킬 박사와 하이드가 산다

유럽 속담에 "모든 소방관은 방화범이 되고자 하는 욕구를 갖고 있다."는 말이 있다. 불을 끄는 일을 하는 소방관은 불을 내고 싶은 욕구를 갖게 되는데, 이것은 그의 내면에 있는 자아와 그림자가 균형을 이루고자 하는 소망에서 발생한다.

* * *

나와 친하게 지내는 교수가 하나 있다. 어느 날 그가 이야기할 것이 있다며 나를 찾아왔다. 그리고 자기 내면의 충동을 털어놓았다.

"운전 중이었습니다. 몸도 마음도 평소와 다를 바 없는 평범한 날이었습니다. 그런데 갑자기 횡단보도를 지나가는 사람들이 모두 볼링 핀으로 보였습니다. 그냥 치고 지나가고 싶은 강렬한 욕구를 느꼈지요. 나는 그 욕구를 어떻게 받아들여야 할지 모르겠습니다. 내 안에 지킬 박사와 하이드 같은 상반된 인격이 존재하고 있는 건지, 솔직히 두렵습니다."

그는 이제껏 늘 성실하고 책임감 있게 살아왔다. 어린 시절부터 모범생이었고 부모의 바람대로 명문대에 들어간 데다 성실하고 책임감 있는 행동으로 동료들과 학생들로부터 존경을 받고 있었다. 그런 그가 왜 자기답지 않은 어두운 충동을 느낀 것일까?

방화범이 되고 싶은 소방관

인간에겐 양면성이 존재한다. 겉으로 드러난 모습과 드러나지 않은 모습. 보이는 것이 그의 전부가 아닌 까닭이다. 세계적인 심리학자 칼 융(Carl Jung)은 "그동안 자기가 살아온 삶과 전혀 다른 어두운 충동은 사실 놀랄 만한 일이 아닌 지극히 당연한 현상"이라고 말한다. 그는 "인간에겐 시소와 같은 서로 대립적인 심리 작용이 존재한다."고 했으며 "전쟁이 일어나는 첫 번째 원인은 바로 평화"라고 주장하기도 했다. 인간의 내면 깊숙한 곳에는 '의식하는 나'를 대표하는 자아(ego)와 함께 그 대립선상에 '무의식에 있는 나'를 대표하는 그림자(shadow)가 있다. 그림자는 한마디로 자아의 어두운 면이다. 자아 입장에서 볼 때 불쾌하고 수치스럽고 받아들이기 어려운 존재이다. 우리의 인격은 자아와 그림자 사이에서 균형점을 찾아 끊임없이 움직인다. 그러다 자칫 한쪽으로 너무 기울게 되면 신경증을 비롯한 심리 문제가 생긴다.

나의 지인은 어릴 때부터 자아 쪽으로 너무 치우쳐져 있었고 그러는 사이 자신도 모르게 그림자가 커져 버렸다. 자아를 지나치게 많이 사용했고, 여기서 생겨난 심리적 불균형을 조절하기 위해 충동적이고 어두운 욕구가 그의 내면에 똬리를 틀었던 것이다. 우리가 어린 시절 즐겨 읽었던 『지킬 박사와 하이드』는 이러한 자아와 그림자의 대립을 잘 표현해 준다. 어둠의 인격을 상징하는 하이드는 심리적 균형을 잃어버릴 만큼 한쪽으로 크게 치우친 사람이 해결해야 할 숙제이다. 반면 평상시에 하이드의 인격을 많이 사용하는 사람에게는 선한 지킬 박사의 욕망이 숨어 있을 수 있다. 그림자 인격에 휩쓸려 자기의 본능과 욕구에 충실히 사는 사람들에겐 자아의 인격을 수용하여 올바르고 현명하게 살려는 모습이 필요한 것이다.

유럽 속담에 "모든 소방관은 방화범이 되고자 하는 욕구를 갖고 있다."는 말이 있다. 불을 끄는 일을 하는 소방관은 불을 내고 싶은 욕구를 갖게 되는데, 이것은 그의 내면에 있는 자아와 그림자가 균형을 이루고자 하는 소망에서 발생한다. 자아와 그림자는 일종의 시소게임을 한다. 시소의 한쪽 끝이 아래로 내려가면 그 반대 행위로 균형을 맞추어야 한다. 심리적 시소의 균형이 깨어져 한쪽으로 급하게 기울어진 상태를 의학적으로는 정신이상, 신경쇠약이라고 말한다.

— 자아가 커질수록 그림자도 커진다 —

자아의 인격이 강화될수록 그림자의 인격 역시 더 커진다. 자아와 그림자는 시소와 같아서, 우리가 한쪽으로 치우친 행위를 했다면 그 반대편에 놓일 수 있는 행위로 균형을 맞추어야 한다. 성직자나 존경받는 사람들의 자녀가 문제아가 되고 수많은 예술가가 사생활에서 어려움을 겪었던 것을 보면 알 수 있다. 창조성은 더 깊은 어둠을 불러낸다.

영화 〈전우치〉에 "누가 절간에 부처님 보고 가지 중 보고 가냐?"라는 대사가 나온다. 이 말은 "누가 교회에 예수님 보고 가지 사람 보고 가냐?"라는 말과도 통한다. 많은 사람들이 교회나 절 등 종교단체에서 발생하는 갈등과 불화에 실망을 하고 종교 자체에 염증을 느끼는 모습을 종종 본다. 절이나 교회 안에서 갈등이 야기되면 과격한 감정들에 휩싸여 서로에게 큰 상처를 입히곤 한다. 종교 전쟁도 시작은 이와 크게 다르지 않다. 그 종교집단에 비도덕적이고 문제가 많은 사람들이 있어서가 아니다.

정의와 사랑과 선을 행하려는 사람들 내면에는 큰 자아가 있다. 그만큼 자신의 그림자 인격을 억누른 채 이성적으로 살려고, 선하게 살려고 애를 쓴다. 문제는 자아의 인격이 커질수록 그림자의 인격도 무의식 속에서 커지고 있다는 것이다. 그러다 심리적 균형이 깨지면 내면 깊숙한 곳에서 커져 가던 그림자가 밖으로 나와 자아와 심리적 균형을 이루려고 한다. 마치 장전된 방아쇠를 당기게 해 줄 무언가를 기다리는 상태가 되는 것이다. 동기가 무엇이었든 간에 공동체 안에서 발생하는 갈등과 불화는 사람들의 내면에 쌓여 있기만 하고 전혀 해소되지 못하고 있던 그림자가 일시적으로 방출되게 하는 기회를 제공한다. 그림자가 밖으로 나오면 자아와 그림자가 다시 균형을 이루게 되고 심리적 안정이 일어나게 된다. 이에 융은 "자아의 기능을 너무 확장하지 말고 그림자와의 균형을 적절히 유지하는 지혜가 필요하다."고 말했다.

융의 자아와 그림자 이론은 이유 모를 가족공동체의 갈등과 고통에 대해 여러 가지 해석의 실마리를 던져 준다. 한 모임에서 만난 CEO와 좋은 인재에 대한 이야기를 나눈 적이 있는데, 그는 "사람들이 흔히 좋은 사원이라 말하는 근면하고 성실하고 예의 바른 사람을 나는 원하지 않는다."고 했다. 그 이유는 "만일 그가 무능한 사람이라면 부지런히, 열심히 일할수록 회사는 손해를 더 크게 보고 심지어는 망할 수도 있기 때문이다."라는 것이다. 그의 냉정한 말은 가족 내에서 일어나는 의도하지 않은 갈등과 문제에도 적용될 수 있다.

갈등과 문제 상황에 놓인 가족은 대개 문제를 해결하기 위해 노력하고 있는 사람들이다. 어쩌면 행복한 가족을 만들기 위해 남보다 더 애쓴 사람들일 수 있다. 그렇다면 문제는 어디서 생겨난 것일까?

문제는 가족 안에 존재하는 심리적 균형을 조절하지 못한 데 있다. 오직 열심히, 성실하게, 올바르게 살기 위해 애쓴다고 성공이 따라오고 저절로 행복해지는 것이 아니기 때문이다. 죽어라 열심히 일한다고 모두 성공하지는 않는다. 매일 야근을 한다고 해서, 주말에 쉬지 않고 일한다고 해서 경쟁에서 이기는 것도 아니다. 세계적인 경제학자 나심 니콜라스 탈레브(Nassim Nicholas Taleb)는 "무작정 열심히 일하는 사람은 대개 집중력을 잃어버리고 지적 에너지도 상실한다."고 말했다. 그러면서 "쉬고 싶고 여유를 부리고 싶은 욕구를 어느 정도 받아들여 가면서 일하는 것이 훨씬 효율적"이라고 했다. 가족 안에서도 이런 지혜가 필요하다.

가족이 심리적 균형을 잃으면 어떤 일이 벌어질까? 일례로 성실하고 가족밖에 모르던 남편이 갑자기 외도를 하더니 정신 못 차리고 빠져들어 가족 모두에게 깊은 상처를 줄 수 있다. 그의 내면에는 어쩌면 어린 시절부터 억압되고 금지된 욕망이 도사리고 있었을 것이다. 빛을 바라는 마음이 강할수록 더욱 자신의 어둠과 싸워 왔을 것이다. 그러다 고조된 심리적 긴장과 갈등이 어느 순간 무너져 내린 것이다.

그런가 하면 평생을 착한 딸로 살았고 결혼 후에도 착한 아내와 엄마로 살고 있는 여성 중에 의외로 우울과 무기력에 휩싸여 사는 이가 많다. 그림자와 자아 사이의 균형이 깨지면서 분노를 통제할 수 없거나 무기력 또는 우울증에 빠진 것이다. 그러한 상태를 벗어나기 위해 자녀나 다른 무언가에 집착하는 모습을 보이기도 한다.

자신의 감정과 욕망을 누르고 타인에게 나를 맞추려는 노력은 내면에 긴장과 갈등을 유발시키는데, 대개는 이런 감정을 외부에 드러내기보다 스스로에게 돌린다. 남편과 아내는 성실하지 못해서, 참지 못해서, 버티지 못해서 무너진 것이 아니다. 그동안 너무 참아 왔기 때문에 무너진 것이다.

평범한 일상의 또 다른 얼굴, 권태

평범한 일상은 거저 얻은 것이 아니다. 수많은 갈등과 긴장 상황을 겪어 내고 부지런한 산 결과로 얻은 것이다. 그럼에도 우리는 극심한 권태와 함께 일탈에 대한 욕구를 강하게 갖는다.

한국을 비롯한 아시아인이 서구인과 구별되는 특성 중 하나로 집단주의가 있다. 서구인은 개인주의를 바탕으로 사회와 문화를 발전시켰다. 우리는 개인주의와 이기주의를 종종 혼동하지만 사실 이 둘은 많이 다르다. 개인주의가 특히 잘 발달한 독일에서는 유치원 입학을 앞둔 아이에게 부모가 신경 써서 가르치는 것이 있다. 바로 '다른 아이들을 배려하는 것'이다. '내가 받고 싶은 대접을 상대에게 하는' 서구의 개인주의 문화는 이러한 토양 아래 자라고 있는 것이다.

그런가 하면 아시아 국가이면서도 서구의 개인주의적 성향을 잘 발달시킨 일본인의 특성은, 자신들의 지나친 집단주의적 성향에 대한 일종의 보상 작용으로 보인다. 일본인에게는 개인의 자아와 집단의 자아가 동시에 존재하는 듯하다. "개미의 무리에는 집단의 뇌가 있다."는 말처럼 일본인에게는 집단 속에서 기능하는 또 다른 자아가 존재한다. 개인적으로 만나 보면 하나같이 친절하고 예의 바르지만, 집단을 이루었을 때의 그들은 전혀 다른 모습으로 집단의 자아를 보여 준다. 두 자아는 정반대의 모습을 띠고 있으며 서로 균형을 유지하고 있다.

인간은 심리적으로 균형을 원한다. 지나치게 한 방향으로 흘러 균형을 잃을 때 인간은 불안감을 느끼게 되고, 불안의 해소를 위해 정반대의 행동으로 심리적 균형을 맞추려 한다.

— 완벽한 아내와 가족을 버리고 싶은 남자 —

* * *

어느 날 사십 대 초반의 전문직 남성인 영광 씨가 상담을 받으러 왔다. 그는 모두가 부러워하는 가정을 이루었지만, 더 이상 아내와의 결혼 생활을 지속하지 못하겠다고 호소하였다.

영광 씨의 아내는 전문직 여성으로, 너무 성실해서 한 치의 틈도 없이 철두철미한 사람이었다. 직장 생활과 가사를 병행하면서도 모든 부분에서 완벽하였다. 그는 그런 아내의 모습이 너무 싫다고 했다. 좀 느슨하고 실수도 하고 그랬으면 좋겠는데, 그렇지 못한 아내를 보면 숨이 턱턱 막히고 답답하다고 하였다.

그런데 완벽한 아내 때문에 힘들다는 영광 씨 역시 너무 성실해서

한 치의 틈도 없이 빡빡하게 살고 있었다. 어렸을 때부터 묵묵히 집안일을 도와주는 착한 아들이었고, 친구들 사이에서는 의리 있는 친구였으며, 회식 자리에서 술을 마시더라도 끝까지 남아 취한 동료들 뒤치다꺼리를 하는 사회인이었다. 또 집에 와서는 밤마다 아내의 하소연을 들어 주고, 아침이면 아내와 함께 식사를 준비하는 좋은 남편이었다.

아내의 완벽한 모습에 대한 영광 씨의 분노는 사실 아내와 별반 다르지 않게 살아온 자신에 대한 분노에서 비롯된 것이었다. 성실한 직장인, 좋은 친구, 착한 아들, 좋은 남편, 좋은 아빠의 역할을 수행했던 자기 삶에 대한 일탈의 욕구가 아내에 대한 비난으로 표출되었던 것이다.

영광 씨는 중년에 들어서면서 그동안 해 왔던 자신의 역할에 싫증이 났다. 지금의 평범한 일상을 얻기 위해 자기의 욕구를 너무 많이 희생해야 했던 것이다. 무게중심이 한쪽 방향으로 크게 쏠려서 시소의 다른 한쪽에 있던 그림자가 너무 많이 커져 있었다.

— 그토록 원했던 삶인데, 죽을 만큼 지루하다 —

그런데 진짜 문제는 아내의 완벽함이 아니라 영광 씨 자신의 내면에서 올라오는 '권태'였다. 권태는 안정된 가정의 가족들이 만나게 되는 전혀 예측하지 못한 복병이다.

나는 종종 성실하게 살아온, 그래서 그 보상으로 안정된 환경을 얻은 가정에서 의외로 만족스럽거나 행복해하지 않는 모습을 발견한다. 가족이 살아가고 있는 평온한 일상은 그들 각각이 수고하고 희생한 대가로 얻은 것이다. 그러나 가족은 조금도 만족하지 못한다. 왜냐하면 그들 내면에 있는 본래 자기의 욕망을 눌러야 했고 그러는 동안 그림자가 그만큼 커져 버렸기 때문이다. 그림자는 참는다고 사라지는 것이 아니다. 안정된 일상 뒤편에서 쌓이고 쌓인 그림자는 권태와 지루함으로 나타나고, 그와 동시에 마음속 저 깊은 곳에서 강렬한 일탈의 욕구가 올라온다.

영광 씨는 그동안 애써서 이룬 소중한 안정과 평온함, 안락함을 한순간 무너뜨리려 하고 있었다. 아내와 자녀를 사랑하지 않아서도 아니고 가족에 대한 책임감이 부족해서도 아니었다. 그림자를 해소하라는 내면의 강렬한 충동에 휩싸였기 때문이었다.

권태는 우울, 혐오, 좌절, 무관심, 무감각 등 무언가에 갇혀 있거나 속박되어 있다는 느낌을 표현하는 말이다. 그러면 우리는 언제 권태를 느낄까? 지루한 강의나 설교를 들을 때, 단조롭고 벗어나기 힘든 상황이 오랫동안 계속될 때 권태를 느낀다. 때로는 스스로를 타인으로부터 고립시키면서 일종의 공허감에 빠지기도 한다. 만성적 권태에 빠지면 우울증, 근심, 알코올중독, 약물 중독, 도박 중독, 여행 중독, 섭식장애, 적대감, 분노, 대인기술 부족, 학업 성적 및 업무 실적 저하도 발생한다.

— 권태의 밑바닥에는 불안, 좌절, 실망이 있다 —

에리히 프롬(Erich Fromm)은 "인간만이 권태를 느끼는 유일한 존재"라고 말하였다. "현대인이 많은 기계와 도구를 통해 유지하는 이 안락한 삶은 과거 시대로 치면 서른 명의 하인들이 있어야 누릴 수 있다."고도 하였다. 하지만 기계와 도구가 주는 편리함 뒤에는 치열한 경쟁과 갈등이 존재하고, 그로 인해 우리는 수많은 문제들에 부딪치고 이 문제들을 풀면서 산다. 그와 동시에 다람쥐 쳇바퀴 돌듯 반복된 일상에 권태를 느끼기도 한다.

늘 반복되는 듯한, 그렇지만 안정적인 평범한 일상은 거저 얻은 것이 아니다. 수많은 갈등과 긴장 상황을 겪어 내고 부지런히 산 결과로 얻은 것이다. 그럼에도 우리는 극심한 권태와 함께 일탈에 대한 욕구를 강하게 갖는다.

이러한 일탈 욕구는 중년기에 이르러 최고조에 달한다. 지금의 평온한 일상을 얻기까지 수없이 많은 것을 희생했기에, 내면의 그림자는 시소의 균형을 유지하기 위해 더욱 일탈을 갈망한다. 그리고 그것은 지루함이라는 감정을 통해 시작된다. 어느 정도 안정적인 삶을 살아가게 되었을 때 뜻밖에 찾아온 복병, 그것이 권태이다.

권태는 청년기에도 찾아온다. 유년기를 지나 청년기가 되면서, 학교에서 또는 사회에서 안정된 자기 자리를 만들고자 노력하는 과정은 힘들고 고통스럽고 불안한 나날의 연속이다. 그러한 과정 속에서 젊은이들은 성공과 기쁨도 맛보지만 쓰라린 패배와 좌절을 경험하게 마련이다. 상당수의 젊은이들은 이런 힘든 과정에 대해 미리 겁을 먹거나 몇 번의 실패를 겪고 무력감을 느껴 아예 포기를 한다. 이때 찾아오는 것이 권태와 지루함이다. 권태는 목표를 상실한 사람들에게 찾아온다. 따라서 권태의 밑바닥에는 불안, 좌절, 실망이 자리한다.

권태에서 벗어나기 위한 방법으로 우리가 사용하는 것이 알코올, 약물, 게임, 섹스이다. 술과 약물은 삶이 지루한 사람들에게 위안과 망각을 주는 전통적인 수단이었다. 게임은 모든 것을 잠시 잊게 해 주는 도구이다. 그리고 섹스는, 특히 중년기의 남녀에게는 배우자가 아닌 다른 사람에게서 새로운 삶의 활기를 얻기 위한 일탈의 방법으로 이용된다. 그러나 이러한 것들은 삶에 활기를 주기도 하지만, 언제든 한계선을 넘어 우리가 통제할 수 없는 영역으로 데리고 갈 수 있다.

권태로부터 탈출할 수 있는 가장 좋은 도구는 '축제'이다. 축제는 억압된 그림자를 풀어 놓을 수 있는 일탈의 장이자, 삶의 채널을 돌릴 수 있는 기제이다.

또한 축제는 그동안 하지 않았던 새로운 일을 의미한다. 융은 "오십 대가 되면 직업을 바꾸는 것이 좋다."고 말했다. 융의 제안을 우리의 현실 속에서 실현하기는 어렵지만 일상에서 여가 시간을 활용해 볼 수는 있다. 철학자 아리스토텔레스(Aristoteles)는 "여가 시간에는 즐거운 활동을 해야 하고 그 자체가 목적이 되어야 한다."고 말했다. 이득이 없는 일이라 하더라도 그것은 충분히 가치가 있다. 왜냐하면 삶의 채널을 돌려 내면에 쌓인 그림자를 해소할 수 있기 때문이다.

혹 이 책을 읽고 있는 당신이 너무 열심히 성실하게 살아온 사람이라면 하루쯤 '시체 놀이'를 하거나 아니면 여행을 떠나 보자. 게으름과 불성실 욕구와 타협을 해 보자. 인간관계가 이해관계로 복잡하게 얽혀 있는 사람이라면 아무런 이해관계가 없는 사람들을 만나 관계를 맺어 보는 것도 좋겠다.

10년 동안 스스로를 집에 가둔 남자

"수족관에 갇혀 있는 돌고래를 봤어요. 대양을 헤엄치던 돌고래가 자유를 잃고 좁은 수족관에 갇혀 있는 모습을 보면서 나와 처지가 비슷하다는 생각을 했어요."

* * *

호준 씨는 부모와 함께 상담을 받으러 왔다. 그는 대학을 중퇴하고 지금까지 게임만 하며 살아온 은둔형 외톨이로, 나이는 서른이었다. 그는 지난 10년 동안 집에 틀어박혀서 게임을 하거나 TV만 보며 살았다. 그를 옆에서 지켜봐야 했던 가족에게는 긴 고통의 시간이었다.

호준 씨는 가족들에게 자기의 감정과 생각, 욕구를 조금도 표현하지 않았다. 집 안에 자기만의 울타리를 치고 고립되어 살고 있었다.

나는 그가 자연스럽게 자기 이야기를 하도록 유도하였다. 아들이 이야기하는 동안 옆에 앉아 있던 부모는 연신 놀라워했다. 이제까지 아들에게서 한 번도 들어 보지 못했던 이야기라고 했다. 게임 중독, 폐인, 백수, 게을러빠진 청년이라는 선입견을 최대한 배제한 채 나는 지난 10년 동안 왜 그렇게 살아왔는지에 대해 호기심을 갖고 상담을 이어 갔다.

호준 씨는 그동안 한 번도 표현하지 않은 자기의 생각과 감정을 드러냈고, 집에서도 자기만의 울타리를 걷어 내고 점차 가족들에게 편하게 다가갔다. 명절에 친척들이 왔는데도 피하지 않고 자연스럽게 어울릴 수 있을 정도가 되었다.

이제 나는 조심스럽게 호준 씨를 집 밖으로 나올 수 있도록 이끌었다. 그 첫 번째 단계로 이렇게 물었다.

"당신은 시멘트 벽으로 만든 성냥갑 같은 아파트 안에서 10년을 보냈습니다. 일반 교도소의 수감자들도 형기를 마치면 나오고, 수감 중에는 밖으로 나갈 생각만 하는데, 왜 당신은 계속 자신을 좁은 집에 가두고 살려 했는지요?"

그리고 인형 몇 개를 꺼내 그에게 자신을 상징하는 인형을 짚어 보라고 하였다. 그가 선택한 것은 돌고래 인형이었다. 왜 돌고래냐는 질문에, 그는 "수족관에 갇혀 있는 돌고래를 봤어요. 대양을 헤엄치던 돌고래가 자유를 잃고 좁은 수족관에 갇혀 있는 모습을 보면서 나와 처지가 비슷하다는 생각을 했어요."라고 대답했다. 이 남성은 수족관에 갇혀 있던 돌고래였다.

여기서 상담의 터닝 포인트를 만나게 되었다.

"도대체 무엇이 당신을 10년 동안 집 안에 갇혀 살게 만들었지요?"

그는 "분노."라고 말했다.

호준 씨는 스무 살 때 대학 앞에서 자취 생활을 하였다. 방을 엉망으로 만들어 놓고 매일 정신없이 게임만 하는 모습에 그의 부모는 충격을 받았다. 당시 그는 우울증에 빠져 있었던 것 같다. 소심한 성격 탓에 대학에서 친구들을 잘 사귈 수 없었고 그런 자신을 무능하게 느끼면서부터 우울증이 찾아온 듯했다. 그를 돕고 싶었지만 어떻게 해야 할지 몰랐던 부모는 3개월 동안 정신병원에 보내 버렸다. 정신병원으로 끌려가면서 너무 억울하고 분한 나머지, 그는 "이제 내 인생을 완전히 망쳐 버리겠다!"고 결심했다. 정신병원에서의 3개월은 지옥이었다. 수치스럽고 두렵고 무서운 경험이었다.

정신병원에서 나온 후 그는 인생을 망치겠다는 자신의 각본대로 살았다. 매일 집에만 있으면서 멍하니 시간을 보냈다. 처음에는 그것이 너무 힘들었지만 점차 익숙해졌고 10년이라는 세월을 흘려보냈다. 그는 부모에게도 다른 가족들에게도 자신의 분노를 표현하지 않고 분노를 오직 자기 자신에게 돌린 채 그렇게 10년을 살았다. 심리학적 용어로 이러한 경우를 '분노의 자기에게로의 전향'이라 한다.

호준 씨가 자신을 집에 가둔 쇠창살은 바로 분노였다. 그리고 그의 내면에만 머물러 있던 분노가 이제 밖으로 나왔다.

— 억압된 분노는 자신에게 독이 된다 —

뉴욕대학의 임상의 존 사르노(John Sarno) 박사는 30년간 허리, 다리, 손, 목 등의 통증을 호소하는 환자들을 검사하면서 통증의 진정한 원인이 '억압된 분노'라는 결론을 내렸다. 그에 따르면 "분노는 불안, 우울증, 위통, 여드름, 알레르기 같은 증상들을 유발한다." 분노를 자신의 내면 깊숙이 억눌러 둔 사람은 이를 느끼고 적절히 표출해야 하지만, 분노가 허용되지 않는 환경 속에서는 분노를 더 깊은 곳으로 가져간다. 이렇게 하는 그들은 착한 사람들이다.

이번 학기에 나는 좀 황당한 경험을 하나 하였다. 내가 맡아 진행하는 대학원 강의 과목에 치열한 수강 신청 경쟁이 벌어진 것이다. 심지어 수강을 못하게 된 학생들이 행정 직원과 나에게 강의에 들어갈 수 있게 해 달라고 연락하였다. 한 부류는 읍소 작전을 구사하며 제발 수강하게 해 달라고 읍소하였고, 다른 한 부류는 거칠게 항의하면서 수강 신청을 받아 주지 않으면 가만있지 않겠다고 했다. 이와 같은 학생들의 항의에 행정 직원들은 당황했고, 결국 신청 인원을 더 받기로 하고 강의실을 좀 더 넓은 곳으로 옮겼다. 아마도 내가 쓴 책 『가족의 두 얼굴』의 후광 효과를 단단히 본 듯하다.

그렇지만 직전 학기의 세 배가 되는 학생들과 수업을 하게 된 나는 부담이 이만저만이 아니었다. 특히나 나의 강의를 꼭 듣고 싶다던 학생들에게 혹여 실망을 줄까 조심스러운 부분도 없지 않았다. 어쨌든 '읍소형' 학생들도, '항의형' 학생들도 자신들이 원하는 것을 얻기 위해 자신들의 평상시 방식대로 자기주장을 펼쳤던 것은 분명하다.

우리는 자기의 생각, 감정을 표현하고 원하는 것을 얻기 위해 자기주장을 한다. 자기주장을 세련되게 하는 사람도 있고 그렇지 못한 사람도 있다. 또 자기주장을 아예 못하는 사람도 있다. 호준 씨의 경우처럼 자신을 10년 동안 가둘 정도의 엄청난 분노는 자기주장, 즉 자기표현 결핍에서 온 것이다. 은둔형 외톨이, 비행, 등교 거부, 게임을 비롯한 중독, 자살, 자해, 폭력 등과 같은 문제는 자기표현에 대한 결핍이 그 원인일 수 있다. 일상에서 자연스럽게 자신의 욕구와 분노를 드러낼 수 없었던 사람의 비뚤어진 자기표현인 것이다.

가족치료사 버지니아 사티어(Virginia Satir) 또한 "가족이 의사소통에 서툴고 미숙한 태도를 갖고 있으면 가족 구성원은 감정을 지나치게 억압하고 표출하지 못해 분노가 쌓이게 된다."고 했다. 즉 분노를 일으키는 상황 자체보다 그것을 표현하지 못하는 데서 문제가 생긴다는 것이다.

분노의 표현이 허락되지 않는다는 것은 욕구 자체를 허용하지 않는다는 의미이다. 욕구와 분노가 표출되지 못한 채 내면에 쌓이면 분노는 부패되고 변질되어 원망이라는 감정으로 변한다. 분노는 사랑과 관심, 이해를 원하는 감정이지만 원망은 파괴를 원하는 감정이다. 상대를 파괴하려고 하거나 아니면 자기 자신을 파괴하려고 한다. 원망의 감정에 휩싸이면 모든 대인 관계가 자기 안에 있는 원망을 더욱 건드리고 촉진시켜 고착된다. 이런 사람은 가족들과 주변 사람들에게 고집불통에 구제불능인 사람으로 비쳐지고, 자신을 그렇게 여기는 사회와 가족들로부터 점점 더 멀어져 스스로를 가두게 된다.

— 자신의 감정에 솔직할 것, 그리고 표현할 것 —

회복은 자신의 내면에 쌓여 있는 감정의 정체를 알아채는 데에서 시작된다. 분노와 좌절, 원망이 쌓여 갈 때 대부분의 사람은 자기 안에 있는 분노를 인식하지 못한다. 억눌린 분노를 깨닫게 되면 비로소 치료가 시작된다.

분노 치료는 분노를 터뜨리게 하거나 화를 내고 무언가를 집어던지게 하는 것만이 해답이 아니다. 오히려 스스로 억눌러 왔던 분노의 과도한 분출은 수치심과 죄책감을 불러일으켜 치료를 어렵게 할 수도 있다. 안정된 치료는 가족과 주변 사람들이 분노의 감정을 공감하고 이해해 주는 것에서부터 시작된다. 자기 안에 있는 분노를 이해받으면 그 자신도 그것을 인정하고 해소하려고 노력하게 된다.

자기심리학의 선구자인 코헛(Heinz Kohut)은 "못되고 왜곡되고 삐뚤어진 인간과 교감할 수 있는 본질적인 지점이 공감"이라고 말한다. 자신을 인정해 주고 지지해 주고 이해해 주는 공감의 메아리를 만나면 누구나 세상에 대한 분노와 의심의 눈초리를 거두게 된다. 마음 따뜻한 자신감과 자기표현의 용기를 얻게 된다. 공감은 분노를 표현하게 하는 마음의 영양소인 셈이다.

10년 동안 스스로를 가두었던 호준 씨는 공감을 통해 자기 안의 분노를 끄집어내고 변화의 시작 앞에 섰다. 그전까지 그는 계속 힘들지만 무엇이 힘든지 말로 설명할 수 없었다. 여러 감정들이 뒤섞여 있고 혼란 상태였던 것이다. 상담을 계속하면서 그는 조금씩 자기의 감정을 드러내며 깊은 울음으로 분노와 원망의 감정을 흘려보냈다. 그리고 자신이 어렸을 때 어머니와 아버지가 늘 싸웠고 두 차례나 별거했던 사실과 그때 그가 얼마나 두렵고 무서웠는지 이야기하였다. 그의 분노 감정은 자연스럽게 건드려졌고 그는 분노를 배출할 수 있는 통로를 찾았다.

이제 막 사춘기로 들어서는 나의 초등학교 6학년 아들 녀석은 가끔씩 화가 나거나 억울하면 살짝 웃는 얼굴을 하고 "아빠."라고 말하면서 가운뎃손가락을 들어 보인다. 그럴 때면 나는 황당하고 어이가 없어서 어떻게 행동해야 할지 몰랐다.

돌아보면 어린 시절 나는 내 감정과 욕망을 잘 표현하지 못했다. 순종 아니면 불순종의 이분법적 구도가 지배하던 우리 집 분위기에서 자기주장이라는 인생의 기술을 사용하거나 발전시킬 수 없었다. 나의 사춘기는 무기력하고 무언가에 늘 억눌린 듯 숨 막히는 시간이었다. 문제 행동을 일으키지 않는 대신에 우울과 무기력으로 자기표현을 했던 것 같다.

아들의 가운뎃손가락을 보며, 나는 속으로 '그래, 너는 아빠처럼 살지 마라. 좀 더 적극적으로 너의 감정과 욕구를 표현하고, 자기주장의 기술을 세련되게 발전시켜라.'라고 마음속으로 빌었다. 아들 녀석은 당연히 이런 아빠의 마음을 모르겠지만, 앞으로 당당하고 세련되게 자기주장을 펼치는 사람으로 아들이 성장하기를 바란다.

나는 내 삶의 주인인가?

'관계의 문제'는 상대방이 주도권을 쥐고 있는 것 같지만 알고 보면 자기가 주도권을 쥐고 있는 경우가 많다. '해결의 열쇠'를 상대방이 쥐고 있다고 생각하면 답답하고 조급하지만 열쇠가 자신에게 있다는 것을 알고 나면 부담감이 훨씬 덜해진다.

* * *

지방에서 강연을 마치고 돌아오는 길이었다. 역에서 기차를 기다리고 있는데, 강연의 스태프였던 남성이 다가와 고민을 털어놓았다. 고민의 내용인즉슨 그가 지금 사귀고 있는 여자 친구와 결혼을 하고 싶은데 '결혼' 이야기만 꺼내면 몹시 심각해지거나 잠적을 해 버린단다. 또 사랑한다는 말을 수없이 했건만, 여자 친구는 단 한 번도 그런 말을 듣지 못했고 과연 자기를 좋아하는지 모르겠다면서 걸핏하면 화를 낸다고 하였다.

그가 들려준 바에 따르면, 여자 친구의 어머니는 그녀가 어렸을 때에 아버지와 이혼하고 집을 나갔다. 그녀는 알코올중독자인 아버지와 함께 살았고, 집에서 독립을 하기까지 끔찍한 경험들을 반복하였다. 그녀에게 가족은 말 그대로 고통만 주는 존재였다.

그는 여자 친구와의 관계를 유지하기 위해서 그녀의 깊은 상처를 알아주고 조심스럽게 다가가야 한다는 것은 알지만 언제까지 이렇게 사귀어야 하는지, 과연 자신들이 잘될지 어떨지 모르겠다며 지친 마음을 솔직하게 드러냈다. 그러고는 여자 친구는 원래 두 달 이상 남자를 만나지 못했는데 유일하게 자신만 2년 넘게 사귀고 있다며, 앞으로의 가능성을 물었다. 나는 남자에게 "두 사람의 관계에서 열쇠를 쥐고 있는 사람은 여자 친구가 아닌 당신입니다."라고 대답하였다.

두 사람의 관계에서 중요한 것은 여자가 사랑한다는 표현에 익숙해지고 결혼을 피하지 않는 쪽으로 변화하는 것이 아니었다. 여자 친구에게는 결혼을 두려워하고 사랑한다는 말에 제대로 대응하지 못하는 자신을 있는 그대로 받아 줄 수 있는 남자가 필요했던 것이다. 스스로의 힘으로 대학을 졸업하고 안정된 직장까지 얻었지만, 어린 시절 가족 안에서 받았던 아픔을 반복하고 싶지 않은 그 불안감을 존중하고 인정해 줄 남자가 필요했던 것이다. 이전에 그녀가 만난 남자들은 그녀를 변화시키려 했지만 그게 잘 안 되자 실망하고 떠났다.

남자는 '관계의 열쇠'가 여자가 아닌 자기에게 있다는 말에 무척 놀란 듯했지만, 곧이어 마음이 편해지고 가벼워졌다며 감사의 말을 전했다. 이제는 여자를 변화시키기 위해 신경전을 벌이고 싸울 때가 아니라, 자기 내면을 들여다보고 과연 내가 이 여자를 잘 받아들이고 존중할 수 있을지 헤아려 봐야 하는 때임을 알았기 때문이다.

이처럼 '관계의 문제'는 상대방이 주도권을 쥐고 있는 것 같지만 알고 보면 자기가 주도권을 쥐고 있고 자기의 문제인 경우가 많다. '해결의 열쇠'를 상대방이 쥐고 있다고 생각하면 우리는 답답함과 조급함, 때로는 절망마저 느끼게 된다. 하지만 열쇠가 자신에게 있다는 것을 알게 되면 부담감이 훨씬 덜해진다. 우리 인간은 삶 속에서 겪는 문제와 갈등 그 자체보다는 해결을 위한 주도권이 자신에게 없다는 사실에 더 큰 무기력을 느끼기 때문이다.

— 마음의 병을 가진 사람들의 공통점 —

권력이 온전히 한 개인의 것일 때 우리는 그것을 주도권이라고 부른다. 권력은 사람들 사이에 항상 존재하며, 당연히 가족 안에도 존재한다. 권력은 다른 사람에게 영향을 끼치거나 대인 관계에서 자신이 의미 있다고 느끼기 위한 한 방법이다. 프리드리히 니체(Friedrich Nietzsche)가 말했듯, "살아 있는 모든 존재는 권력이 필요하다." 그리고 모든 인간은 권력을 추구한다. 단지 힘에 대한 갈망이 아니라 인정받기 위해서, 자존감을 획득하고 자기의 삶의 의미를 얻기 위해서이다. 니체에 따르면 권력은 힘을 얻기 위해서가 아니라 자아실현과 자기 성취를 위해서 필요하다.

일본 요식업계의 전설이며 '장사의 신'으로 불리는 우노 다카시(宇野隆史)는 "평생 다른 사람 밑에서 일하며 지루한 표정으로 하루하루를 보내다간 인생이 망가진다."고 말했다. 나는 이 말이 크게 마음에 와 닿았다. 세상에 태어나 남의 눈치 안 보고 스스로의 선택과 판단에 따라 인생을 살 수 있다면 얼마나 행복할까. 그러기 위해 우리는 인간으로서 우리 삶에 필수 가치인 권력이 일정 정도 필요하다.

실제로 오늘날 권력을 상실하고 삶의 주도권마저 빼앗긴 사람들은 무기력에 빠지며, 동시에 수많은 마음의 병을 앓고 있다. 독일 출신의 철학사상가 한나 아렌트(Hannah Arendt)는 "폭력은 권력이 너무 많아서가 아니라 무기력하기 때문에 발생한다."고 말한다. 그에 따르면 인생의 많은 부분은 주도권과 무기력의 갈등이 차지한다.

미국의 임상심리학자인 롤로 메이(Rollo May)는 "마음의 병을 가진 모든 사람에게는 한 가지 공통점이 있는데 그것은 바로 무기력이다."라고 말했다. 또한 "무기력하다는 자기 인식은 더욱 무기력한 상황을 불러온다. 즉 무기력이 원인과 결과가 되어 지속적인 불안을 겪게 된다."고 하였다. 실제로 가족 안에서 권력도 없고 주도권도 없다고 생각하는 여성은 더욱 자녀에게 집착하고, 자녀의 주도권을 허용하지 않는 엄마가 된다. 더 나아가 자녀와 한편을 짜서 남편에게 대항을 시도한다.

그런가 하면 주도권을 잃어버린 남성은 우울, 분노, 폭력, 무관심과 지나친 냉담함으로 가족들을 힘들게 할 수 있다. 어린 시절 가족 안에서 자신의 주도권을 인정받지 못했던 자녀는 성장해서 가족들이나 주변 사람들을 통제하고 조정하는 등 지나치게 주도권에 집착하는 모습을 보일 수 있다. 또는 주도권을 빼앗기고 무기력했던 어린 시절의 모습 그대로 살 수 있다.

가족치료사 헤일리(Jay Haley)는 "가족 관계의 모든 어려움은 권력 문제에서 비롯된다."고 보았다. 그에 따르면 "둘 이상의 모든 관계는 서로를 통제하고 지배하려는 교묘한 움직임이 있다." 보통의 부부는 가정에서 서로 주도권을 가지려 하며, 권력을 상대방이 지나치게 갖게 되면 우울증, 과음, 지나친 잔소리, 폭력, 공포증 등을 나타낸다.

가족 내 권력 관계와 관련해 롤로 메이는 중산층의 가정이 가진 전형적인 문제 패턴을 이렇게 설명했다. "어머니는 아이들을 돌보는 일로 자신의 불안을 가라앉히고, 아버지는 경제적으로 능력이 있지만 다른 면에서는 무기력하다. 직장과 사회에서 실력을 인정받은 사람일지라도 집에서 지나치게 무관심하거나, 거친 언행을 하거나, 권력을 휘두르는 방식으로 자신의 연약함을 감춘다."

이런 가정에서는 문제가 전혀 겉으로 드러나지 않지만, 자녀는 심각한 무기력에 빠질 수 있다. 자살 충동을 느끼는 많은 사람에게 진짜 문제는 '고통을 주는 환경 자체이기보다 자신이 어떤 선택도 할 수 없다는 무력감'이다.

삶의 주도권을 빼앗기고 자살을 선택한 자매

* * *

부모가 대학생 자녀 둘을 데리고 상담실을 찾아왔다. 부모는 두 딸이 각기 자살 시도를 하였다고 말하며, 왜 이렇게 된 건지, 뭘 어찌해야 할지 모르겠다며 눈물을 보였다.

겉으로만 보면, 그들이 자살할 이유를 찾기 어려웠다. 가정환경이 유복했고 엄마와 아빠 모두 두 딸을 애지중지하며 소중히 여겼다. 부부간에도 전혀 문제가 없었다. 싸움을 하지도 않았고 누구 하나 외도를 하지도 않았다.

그런데 상담 중 언니가 자살 충동에 대해 이야기할 때 갑자기 동생이 끼어들면서 자신도 똑같은 충동을 느꼈다면서 어떻게 같은 욕구를 갖는지 서로 신기해했다. 두 사람은 자살 충동을 말할 때 서로 너무나 공감하는 모습을 보였다. 상담자인 나조차도 그런 자매가 놀랍고 신기하였다.

그리고 자살 충동의 원인을 탐색해 나가던 중 가정적이고 따뜻해 보이기만 했던 부모의 새로운 면을 발견하였다. 부모는 자녀의 일상을 속속들이 감시하고 있었으며 조금이라도 통제가 되지 않으면 못견뎌 했다. 한번은 딸이 동성 친구와 함께 제주도로 여행을 갔는데, 딸 몰래 제주도로 따라간 것은 물론이고 딸과 같은 호텔에, 심지어 옆방에 투숙하면서 딸을 내내 감시하였다. 자매의 블로그며 카톡 등 모든 것들이 검열되었고, 자기만의 어떤 비밀도 허용되지 않았다. 자매는 어렸을 적에는 부모의 이런 모습을 사랑이라 여기고 살았지만, 성인이 되면서 부모의 지나친 통제에 지쳐 갔다. 자신들의 엄마 아빠가 자상한 부모가 아니라 감시자와 같다고 느끼게 되었다.

또 부모는 자녀들이 머리를 쓰는 것도 허락하지 않았다. 자녀를 대신해 모든 선택을 하고 모든 결정을 내렸다. 자녀가 그대로 따라 살면서 어떤 이의도 제기하지 않았다면 그들은 행복한 가정이 되었을 것이다. 그러나 자매는 사춘기가 되면서 부모에게 모든 결정과 선택을 내어주고 부모가 제공한 안락한 환경 속에 머무는 것에 염증과 고통을 느끼기 시작하였다. 부모는 여전히 완고하였다. 그들에게 자녀들의 변화는 가정의 평화를 깨는 엄청난 범죄였다. 그러던 어느 날 자매는 각자 충동적으로 자기 몸에 칼을 대고 자살을 시도하였다.

다행히 자살에는 실패했고, 자매는 적어도 자기 몸에 스스로 고통을 주고 끝낼 수 있는 주도권이 있다는 사실을 알게 되었다. 그것만으로도 대단히 놀랍고도 기쁜 성취였다. 그녀들은 그렇게 자기만의 세상을 만들기 위한, 그리고 자기 삶의 주도권을 되찾아 오기 위한 힘겨운 싸움을 하고 있었다.

가장 연약한 존재인 젖먹이 아이도 배가 고프면 젖 달라고 울고 떼를 씀으로써 자기의 주도권을 사용한다. 결코 수동적으로 기다리지 않는다. 우리가 문제를 해결하기 위해서는 주도권을 가지고 있어야 한다. 우호적이지 않은 환경 앞에서 절망만 하거나 상대방의 선택과 결정만을 기다리거나 또는 그것에 영향을 주려고 애쓰기보다, 우리 자신이 선택하고 결정할 수 있는 부분을 빨리 찾아낸다면 그만큼 긍정적인 결과를 가져올 수 있다.

적어도 내 삶에서 주도권을 갖기 위해서는, 먼저 이 문제에 대해 내가 어떻게 느끼고 생각하는지, 내가 진정 원하는 것이 무엇인지 자신의 내면을 들여다보아야 한다. “내가 과연 무엇을 원하는가?”

"내가 한 선택에 대해 책임을 질 수 있을까? 그만큼 나의 마음이 단단한가?"

나 자신에게 던지는 질문과 답을 통해 삶에 대한 주도권과 선택권을 하나하나 늘려 나가야 한다.

누구나 가슴에 아픔을 간직하고 산다

"수치심은 어린 시절 세상과 사람에 대한 신뢰감보다는 불신감이 더 강해져서 발생하는 것으로 가족, 부모와 신뢰 관계를 형성하지 못한 사람들에게서 발생한다."

— 에릭 에릭슨(Erick Erikson)

세상에 상처 없는 사람은 없다. 드라마나 영화를 보더라도 주인공은 언제나 상처가 있는 사람이다. 세계적인 베스트셀러 『해리 포터』는 "이 흉터는 영원히 남으리라."는 덤블도어 교수의 말과 함께 앞으로 전개될 이야기를 암시한다.

몸에 상처가 크게 나면 대개 흉터가 남는다. 마찬가지로 눈에 보이진 않지만 마음에 입은 상처도 그 내면에 수치심과 죄책감이라는 감정의 흉터를 남긴다.

한국 영화사에서 명작으로 손꼽히는 영화 〈올드보이〉는 누나의 죽음에 대한 우진의 복수와 15년간 이유도 모른 채 감금당한 대수의 복수가 영화의 기본 뼈대이다. 언뜻 보면 그것이 다인 것 같지만, 그 아래 자리한 핵심 주제는 죄책감과 수치심이다.

아직 고등학생밖에 안 된 우진은 누나와 금지된 사랑에 빠진다. 그런데 그 둘의 밀회 장면을 우연히 목격한 대수가 다른 친구에게 그 이야기를 하고 급기야 학교 전체에 소문이 난다. 결국 우진의 누나는 우진의 눈앞에서 강으로 떨어져 자살을 하고 이후 우진의 복수가 시작된다.

우진에게 복수가 곧 삶이 된 것은 누나에 대한 미안함과 죄책감 때문이다. 죄책감과 샴쌍둥이처럼 붙어 다니는 수치심이 동시에 유발되어 스스로를 끊임없이 자책하고 부끄럽게 만드는 것이다. 그러한 감정 상태에서 벗어나기 위해 우진은 누나를 죽게 한 대수에게 모든 비난의 화살을 돌린다.

우진은 대수가 자신의 딸과 금지된 사랑에 빠지도록 하는 잔인한 복수를 한다. 대수가 자신의 행동에 대해 죄책감과 수치심을 느끼게 하여 자신을 용서할 수 없게 만든 것이다. 이후 대수는 최면으로 모든 기억을 지우고서야 그러한 고통에서 벗어나게 된다. 이제 우진은 오랫동안 묵혀 두었던 자신의 죄책감과 수치심을 대면하게 되고, 차마 스스로를 용서하지 못해 자살을 선택한다.

— 소중한 인생을 갉아먹는 수치심과 죄책감 —

트라우마를 경험한 사람의 진짜 고통은 트라우마를 일으킨 사건에 대한 기억이 아니다. 트라우마는 우리에게 2차 피해를 만들어 내는데, 그것은 바로 수치심과 죄책감이다. 수치심과 죄책감은 분노, 원망, 슬픔보다 더 괴로운 감정이다. 한번 만들어지면 평생을 끊임없이 괴롭히면서 우리의 소중한 행복을 갉아먹는다.

수치심과 죄책감은 어떤 무참한 사건을 겪고 그 기억에서 벗어나 스스로 살아남기 위해 만들어진 감정이다. '내가 착하지 않아서, 예쁘지 않아서, 아들이 아니라서, 공부를 잘하지 못해서….'라며 모든 문제의 책임을 자기 자신에게 돌리면서 생존한 것이다. 부모가 냉정하고 사랑이 없는 사람이라고 생각하는 것보다 자기 자신에게 책임을 돌리는 것이 더 낫기 때문이다.

그러나 이제 수치심과 죄책감이라는 후유증은 끝내야 한다. 수치심과 죄책감을 내면화한 사람은 일상 문제에도 심각한 불안과 공포를 느끼게 되고, 스스로 자신을 통제하지 못하는 병리적 상태로 들어갈 수도 있기 때문이다. 수치심과 죄책감은 내 안에 또 다른 내가 있다고 느끼게 만들어 끊임없이 스스로를 창피해하거나 역겨워하게 만든다. 프랑스 정신분석가 라캉(Jacques Lacan)은 이런 상태를 "자기 안에 3인칭인 존재가 들어 있다고 느끼는 것"이라고 하였다. 자신이 얼마나 수치스럽고 형편없는 존재인지 잊을 만하면 다시 일깨워 주는 또 다른 나를 갖고 있다는 것은 대단히 고통스러운 일이다.

존 브래드쇼(John Bradshaw)는 "수치심의 원인은 수치심이 내재된 가족에 있다."고 말했다. 발달심리학자 에릭 에릭슨(Erick Erikson)은 "수치심은 어린 시절 세상과 사람에 대한 신뢰감보다는 불신감이 더 강해져서 발생하는 것으로 가족, 부모와 신뢰 관계를 형성하지 못한 사람들에게서 발생한다."고 말했다.

부모와 신뢰 관계를 형성하지 못한 사람은 그 자신도 자녀들과 신뢰 관계를 제대로 형성하지 못할 수 있다. 브래드쇼는 수치심이 대대로 이어지는 가족을 일러 "수치심이 내재되고 그로 인해 발생한 잘못된 신념 체계를 가진 가족"이라고 했다. '나는 모자란 인간'이라는 신념 체계는 부모에서 자녀로 이어져, 자녀는 '아무도 나를 사랑하지 않는다'는 생각에 사로잡힌 채 자라면서 만취, 과음, 무질서한 생활, 성병, 중독 등을 겪을 수 있다.

— 첫사랑을 떠올리면 마음이 아픈 이유 —

* * *

삼십 대 후반의 한 남자가 어느 날 우연히 대학 시절에 구입한 책에서 첫사랑이었던 여자 친구의 사진을 발견하였다. 그 후 마음이 자주 우울해지고 이유도 없이 아내와 아이들에게 신경질을 부리거나 화를 냈다. 술을 마실 때마다 여자 친구가 떠올라 마음이 괴로웠고, 점점 폭음을 하면서 무질서한 생활을 하게 되었다. 갑작스러운 남편의 변화에 아내는 불안해했고, 부부 사이에 긴장과 갈등이 쌓이면서 자주 싸우게 되었다.

십여 년 전, 남자는 부모님의 반대로 첫사랑과 헤어졌다. 여자 친구를 지켜 주려고 나름 노력했지만, 완강한 부모님의 의지를 꺾을 수 없었고 결국 고통스러운 이별을 했다. 그런데 얼마 전 그녀의 사진을 발견한 것이다. 그는 가슴에 깊은 통증을 느꼈다.

그 통증은 다 타 버리지 않고 아직도 남아 있는 사랑의 조각이었을까? 그것은 여자 친구를 지켜 주지 못하고 결국 이별을 선택한 자신을 용서하지 못하고 있던 마음이었다. 마음 깊은 곳에 봉인되어 있던 여자 친구에 대한 미안함, 죄책감과 수치심이 그녀의 사진을 발견한 그날 그의 가슴을 찔렀던 것이다.

간혹 첫사랑을 잊지 못하는 사람들을 만난다. 그들은 전혀 다른 이야기를 하다가 문득 마음 깊은 곳에 묻어 두었던 과거의 연인을 떠올린다. 과거의 일이고 이미 지나간 사랑이라고 생각했지만, 마음으로는 여전히 정리하지 못한 채 그 고통을 애써 외면하고 살아왔던 것이다. 그런데 그것은 옛 연인에 대한 사랑이라기보다는 미안함, 죄책감, 나아가 자기 자신에 대한 수치심이다. 이런 수치심은 옛 연인을 잊지 못하게 하는, 과거와 연결된 강력한 동아줄이 된다.

죄책감과 수치심은 우리 인간이 감내하기에 너무 큰 고통이다. 무의식적으로 자신의 행복을 갉아먹으며 가까이 있는 사랑하는 가족들에게 집중하지 못하게 한다. 사랑하던 사람과 고통스럽게 이별했을 때 가장 빠른 치료제는 다른 누군가와 사랑에 빠지는 것이다. 그와 사랑하고 결혼까지 하게 되는 과정을 통해 마음속에 있는 이별의 아픔과 상처를 잊을 수 있다. 그러나 이별의 아픔 뒤에 숨어 있던 죄책감과 수치심은 어떤 계기로 서서히 다시 엄습해 온다.

시간은 결코 마음속의 미안함을 치유할 수 없다. 독일의 가족치료사 버트 헬링어(Bert Hellinger)는 큰 이유 없이 갈등상태에 놓여 있는 부부의 경우, 종종 두 사람만의 문제가 아닌 지나간 사랑에 대한 죄책감이 부부 사이를 방해하는 것이라고 했다. 자기의 결혼 생활을 불행하게 만들면서 과거의 상처를 속죄하고자 하는 무의식적인 시도일 수 있다. 그러나 이런 무의식적인 속죄의 시도는 자기의 삶을 파괴하며 소중한 가족에게 또 다른 상처를 만들 수 있다.

— 죄책감으로 시력을 잃어 가는 여자 —

오랫동안 많은 사람을 만나면서 그들을 정말 고통스럽게 하는 것은 과거의 상처에 대한 기억이 아니라 상처로 인해 발생한 죄책감과 수치심이라는 것을 알게 되었다. 누군가에게 상처와 아픔을 준 사람이라면 당연히 죄책감과 수치심에 고통을 받게 된다. 그것은 자연스러운 일이고 그들의 인격을 위해 꼭 필요한 감정이다.

그러나 상처의 가해자가 아닌 피해자이면서도 과도한 죄책감과 수치심 때문에 고통을 받는 경우가 있다. 나는 성폭력과 같이 견디기 힘든 일을 당한 피해자 여성들이 지나치게 죄책감과 수치심에 시달리는 것을 보았다. 그녀들이 느끼는 죄책감과 수치심은 정상적인 것이 아닐뿐더러 불필요한 것이다. 그럼에도 불구하고 그녀들은 언제나 스스로를 자책하고 수치스러워하였다. 그리고 그러한 감정의 밑바닥에는 분노가 웅크리고 있었다. 하지만 그녀들은 이러한 분노조차도 표현하지 못하고 자기 자신에게 잘못을 돌려 버렸다. 그렇게 또 다른 고통 속으로 자신을 몰아넣었다.

* * *

언젠가 사십 대 초반의 여성이 극심한 심리적 불안과 수면장애로 상담을 받으러 왔다. 그녀는 심리적으로 큰 고통을 받고 있었고 그것이 신체 증상으로 나타나 한쪽 눈의 시력이 거의 사라져 가고 있었다. 명문대 출신의 엘리트인데다 외모까지 출중한 그녀는 자기의 일에서 두각을 드러내며 당차게 살고 있었다. 그녀는 나에게 최근에 자신이 왜 이렇게 마음이 힘든지 알고 싶다고 했다.

그녀는 이십 대 중반에 결혼을 했고 아이도 하나 있었다. 그런데 그녀의 결혼은 금세 파국을 맞았다. 결혼 초부터 남편이 외도를 하여 결혼 생활이 쉽지 않았고 극심한 갈등 속에 결국 이혼을 택했던 것이다. 게다가 무진 애를 썼지만 아이를 데리고 나올 수 없었다.

이혼할 때 아이를 데려오지 못한 마음의 짐 때문에 그녀는 이혼 후 기회가 여러 번 있었음에도 재혼을 하지 않고 지금껏 혼자 살았다. 그러다 얼마 전 아들의 블로그에서 하나의 사진을 보았다. 친구들과 함께 찍은 사진 속에서 유독 아들만 어두운 표정을 짓고 있었다. 이후 그녀의 심적 고통은 점점 커지더니 견딜 수 없을 정도에 이르게 되었다. 아들에 대한 미안함과 함께 마음속 깊이 묻어 두었던 죄책감과 수치심이 터져 올라와 그녀를 옴짝달싹 못하게 휘감아 버렸다.

그녀는 정말 최선을 다해 지금껏 살아왔다. 결혼의 파국은 혼자 열심히 노력한다고 해서 막을 수 있는 문제가 아니지 않던가. 하지만 엄마로서 제대로 살지 못한 것이 그녀를 한순간에 무너뜨렸다.

『심청전』에서 심학규는 출산 중에 죽은 아내의 무덤에 가서 밤낮으로 울며 슬퍼하다가 실명을 했다. 그녀 역시 아들에 대한 죄책감과 수치심으로 현실 속의 자신을 보기를 무의식적으로 거부하였으며 그로 인해 시력을 잃어 가고 있었다.

— 죄책감과 수치심을 떨치다 —

* * *

1888년 어느 아침, 알프레드 노벨(Alfred Bernhard Nobel)은 신문을 보다가 얼굴이 하얗게 질려 양손으로 얼굴을 감쌌다. 신문에 '죽음의 상인이 세상을 뜨다'라는 제목의 기사가 실려 있었다. 프랑스 신문의 편집자가 알프레드와 그의 형 루드비그의 이름을 혼동해서 발생한 사건이었다.

알프레드 노벨은 자기가 발명한 다이너마이트가 광산 개발 등 산업 분야를 넘어 대량 살상을 일으키는 전쟁 도구로 사용되고 있는 것에 대해 마음이 몹시 불편했다. 그러던 중에 사람들이 자기를 '죽음의 상인'으로 부르고 있다는 사실을 알고 큰 충격을 받았다. 그때 그에게 밀려온 감정은 죄책감과 수치심이었다. 그로부터 8년 후 그는 세상을 떠나면서 자신의 재산 대부분을 기부하였다.

비단 노벨뿐이 아니다. 죄책감과 수치심은 새로운 인생을 살고자 변화를 시도한 많은 사람에게 심리적 동기가 되었다. 그런데 이 두 감정은 노벨의 경우처럼 새로운 인생을 살도록 긍정적인 영향을 미칠 수도 있지만, 대개는 자기 자신을 부정하고 혐오하게 하여 자신의 삶은 물론 사랑하는 사람들의 행복까지 갉아먹는다.

따라서 수치심과 죄책감이 우리에게 긍정적인 방향으로 나아가는 힘이 되도록 하려면, 먼저 '그러한 감정이 현재의 것이 아니라 과거의 것이라는 사실을 인식'해야 한다. 거기서부터 내면의 상처 치유가 가능하다. 오늘날의 심리학은 "과거의 경험이 현재와 미래의 삶에 지속적인 영향을 미친다."고 전제한다. 마음속 깊이 수치심을 안고 사는 사람은 과거의 감정인 그 수치심을 현재의 삶 속에서도 느끼고, 과거의 고통을 끌어안고 현재도 여전히 고통스러운 삶을 살 수 있다.

그다음으로 필요한 것은 '용서'이다. 용서는 과거의 고통을 분리시킬 수 있는 힘이다. 우리 내면에 있는 분노를 똑바로 보게 하고, 죄책감과 수치심을 자기 내면의 현실로 받아들일 수 있게 한다. 나에게 상처를 준 사람을 용서하는 것은 힘들지만 가능한 일이다. 그러나 자신을 용서하는 것은 상당히 어렵다. 자신의 실수와 어리석음, 남에게 주었던 상처 등에 대해 우리는 그 누구보다도 똑똑히 기억하며 알게 모르게 자기 자신을 괴롭힌다.

여자 친구에 대한 미안함으로 고통스러워하던 삼십 대 후반의 남자는 시간이 많이 흐르고 그녀를 다시 볼 수 없게 되었어도 자신이 잘못했다는 죄책감은 지울 수 없었다. 그러한 감정의 치유를 위해선 자기 안에 있는 그것이 무엇인지, 어떤 것인지 똑바로 들여다봐야 한다. 조용한 공간에서 자기 내면을 들여다보고 그로 인해 그동안 얼마나 고통스러웠는지 인식해야 한다. 그런 다음에는 마음속으로 또는 소리 내어 고백해 보자. "정말 미안합니다. 당신과의 약속을 지키지 못한 저를 용서해 주십시오. 이제 당신의 고통이 얼마나 큰 것인지 압니다. 부디 당신이 행복하기를 바랍니다. 이제 당신을 마음속에서 놓아주겠습니다."

어두운 얼굴빛을 띤 아들의 사진을 본 사십 대 초반의 여자는 이혼을 하면서 아들을 남편에게 맡긴 자신을 용서할 수 없었다. 마음의 병이 육체의 병으로 나타날 만큼 고통스러워했다. 나는 그녀에게 말했다.

"이제 자신을 용서하세요. 당신은 실명이 될 정도로 그동안 자기 자신에게 형벌을 가해 왔습니다. 아들도 이런 것을 원치 않을 겁니다."

심리치료에서 상담사는 고해성사를 받는 신부 역할을 할 때가 있다고 하는데, 이때 내가 그런 역할을 했던 것 같다.

"기철아, 엄마가 너무나 미안해. 너를 지켜 주지 못하고 떠난 엄마를 용서해 주렴. 엄마는 단 하루도 너를 잊은 적이 없어. 엄마는 너를 사랑한다. 엄마는 너를 너무나 사랑한다."

그녀는 이렇게 말하면서 한참을 울었다.

비록 그 말을 아들에게 직접 하지는 못했지만, 그녀는 내면의 죄책감과 수치심을 덜고 자신의 삶에 자유와 평온을 찾을 수 있었다.

나는 죽고 싶다? 사랑받고 싶다?

"인간의 본성인 리비도는 살아 보려는 의지를 갖는 반면에 타나토스는 파괴적 본능으로 인간이 무생물의 상태로 돌아가고자 하는 욕구를 갖게 한다."

지그문트 프로이트(Sigmund Freud)

* * *

한양에서 당대 최고 인기를 누리던 기녀가 있었다. 그녀는 자신을 자주 찾아오던 손님을 사랑했다. 그런데 그가 1755년 발생한 을해옥사에 연루되어 관노로 전락해 제주도로 추방을 당하자, 그녀는 곧 재산을 정리하고 제주도로 내려갔다.

사대부 양반에서 하루아침에 노비로 전락해 비참하게 살고 있는 그를 그녀는 극진히 돌봤다. 그러던 어느 날 그녀는 그에게 죽을 때까지 노비로 수치스럽게 사느니 차라리 즐기다가 죽는 게 어떻겠냐고 제의했고, 그는 그렇게 하기로 결심했다.

두 사람은 매일 독한 술을 마시고 술에 취한 채로 섹스에 탐닉하면서 밤이고 낮이고 쉬지 않았다. 결국 얼마 지나지 않아 그 남자는 죽음을 맞았고 기녀는 그의 장례를 극진하게 치러 주었다. 그러고 나서 자신도 슬픔에 빠져 폭음하다가 죽음에 이르렀다. 그녀는 죽기 전에 한양의 옛 친구들에게 자신의 뜻을 전했고, 친구들은 돈을 모아 그녀의 장례를 후하게 치러 주었다.

이 이야기는 조선 후기 이옥이 지은 「협창기문(挾娼奇聞)」에 전하는 것으로 당시 세태를 잘 반영하고 있다. 술을 마시고 과도하게 섹스를 하다가 죽으려는 것은 조선시대 자살 방법 중 하나였다. 이런 특이한 자살 방법은 황당한 이야기로 치부하기에는 대단히 깊은 심리학적 내용을 담고 있다.

게다가 현대인에게 다소 해괴하게 느껴질 수도 있는 이러한 자살 방법은 여전히 널리 통용되고 있다. 삶에 지쳐 몸과 마음의 치유가 필요한 남자들이 종종 찾는 것이 술과 여자인 경우가 많다. 자기 절제가 있는 적당한 향락이 아닌, 술과 섹스에 탐닉하면서 자기 파괴와 죽음에 대한 강한 욕구 속으로 끌려들어 가는 것이다.

— 술과 섹스, 그리고 죽음에 대한 욕망은
어디에서 오는 걸까? —

긴장을 풀고 마음의 위로를 받고자 술과 섹스를 시작했지만 어느새 끝을 향해 달려가는, 브레이크가 망가져 버린 기차처럼 파멸을 향해 달려가는 그런 사람들을 나는 적지 않게 봐 왔다. 그들은 그렇게 죽음에 대한 강한 열망을 무의식적으로 실천하고 있는 것이다.

프로이트(Sigmund Freud)는 마음을 움직이는 에너지를 성욕으로 보았고 라틴어에서 욕망을 뜻하는 '리비도'(libido)라는 말을 가져와 '성욕'을 가리키는 용어로 사용했다. 음식을 통해 영양을 섭취하려는 본능이 배고픔을 만들어 내듯이, 생물학적 욕구인 성욕은 인간 정신 활동의 근본적인 힘으로 작용한다.

빅토리아 여왕 시대에 프로이트는 주로 상류층 여성들을 진료하면서 그녀들이 앓고 있던 히스테리를 연구하였다. 당시는 성의 억압이 엄격하게 이루어지던 때였다. 여성들에게 성행위란 오직 임신을 위해서만 허용되었으며 쾌락을 위한 목적으로 사용하려는 여성은 정신병자로 치부하였다. 그 가운데 엄청난 히스테리 환자들이 발생했고, 프로이트는 그 원인을 지나치게 억압된 성욕에서 찾았다. 그리고 여기서부터 정신분석의 개념들이 만들어졌다. 나아가 프로이트는 인간이 이룩한 수많은 문명의 진보와 예술의 창작은 성욕을 단지 성행위에만 사용하지 않고 창조적인 정신 에너지로 승화한 결과로 보았다.

리비도의 다른 이름은 에로스(Eros)로 '사랑의 욕구'를 뜻한다. 성적 행위에 대한 열망은 리비도 가운데서도 가장 낮은 단계의 사랑의 욕구이다. 인간은 성행위뿐 아니라 서로의 눈을 마주 보면서 따스한 시선을 주고받고 서로의 마음을 알아주고 가슴으로 상대를 안아 주는 등의 모든 행위에서 사랑을 느낀다. 프로이트를 찾아왔던 히스테리를 가진 많은 여성들은 단지 성행위에 굶주려 있는 것이 아니라 사랑의 결핍을 갖고 있었던 것이다.

프로이트는 그의 나이 예순이 채 안 되어 인류 역사상 가장 참혹한 전쟁으로 기억되는 제1차 세계대전을 겪었다. 그의 세 아들이 참전했고, 그는 언제나 자녀들의 안녕을 걱정했다.

전쟁 이후 그의 이론은 새롭게 변화하였다. 그는 성욕뿐 아니라 죽음의 욕구가 인간 정신의 근본적인 에너지로 작용하며, 인간은 죽음을 열망한다는 것을 발견하게 되었다. 두 차례의 세계대전은 인류 역사상 끔찍한 결과를 만들어 냈지만, 한편으로는 수많은 사람이 전쟁에 열광했고 환희에 휩싸였다. 전쟁의 참혹한 실상과 상관없이 전쟁은 그 무엇과도 바꿀 수 없는 흥분과 새로운 모험을 향한 뜨거운 열정의 분출구였다.

모든 생물은 무생물로부터 생겨났으며 무생물로 돌아가려는 죽음의 욕구를 갖고 있다. 죽음의 욕구는 먼저 내부를 향해 자기를 파괴하려 하지만, 그다음으로는 외부를 향한 공격성과 파괴성의 형태로 나타난다. 프로이트는 그리스 신화에서 죽음의 신을 뜻하는 타나토스(Thanatos)라는 말을 가져와 '죽음의 욕구'를 표현하였다.

지난해 일부 연예인들이 프로포폴을 불법 투약하여 신문지상을 뜨겁게 장식하였다. 프로포폴은 보통 병원에서 수면 내시경 검사 때 사용하는 수면 마취제이다. 프로포폴을 주사로 주입하면 바로 의식을 잃었다가 얼마 후 다시 깨어난다. 어쩌면 그 연예인들은 사는 것에 많이 지쳐 있었을 것이다. 끊임없는 긴장의 연속인 연예계 생활 속에서 무의식적으로 죽음의 욕구를 충족하기 위해 프로포폴의 유혹에 빠져들었던 것이다.

프로이트의 말처럼 우리의 본성에는 성욕만이 아닌, 자기 존재를 사라지게 하는 죽음에 대한 열망이 끊임없이 꿈틀대고 있다. 섹스를 통한 자살은 프로이트가 말한 리비도와 타나토스로 들어가려는 행위이자 인간 욕망의 근원인 무의식 세계로 들어가려는 행위이다. 현실 세계로부터 벗어나 자신의 의식 세계를 버리고 무의식 세계로 들어가 버린 사람들의 대표적인 실례가 '정신분열'이다. 정신분열은 자아와 의식이 더 이상 기능을 못하고 무의식에만 머물면서 현실을 포기하는 정신장애이다.

섹스를 통한 자살과 정신분열의 공통점은 이제 더 이상 현실 세계에 머물려 하지 않고 다시 돌아올 수 없는 강을 건넌다는 데 있다.

프로이트 말년에 아인슈타인(Albert Einstein)이 그를 방문했다. 그리고 몇 년 후 아인슈타인은 프로이트에게 편지하여 인간을 파멸로 이끄는 자기 파괴적 행동을 피할 수 있는 길은 정말 없는지 물었다.

프로이트는 "인간의 본성인 리비도는 살아 보려는 의지를 갖는 반면에 타나토스는 파괴적 본능으로 인간이 무생물의 상태로 돌아가고자 하는 욕구를 갖게 한다."고 하였다. 그에 따르면 죽음의 욕구를 중화시킬 수 있는 것은 바로 리비도에서 만들어지는 인간과 인간 사이에 생성되는 사랑이다.

사랑과 죽음의 욕구에 지나치게 충실하여 자기 파멸적인 행위에 자신을 내맡기는 사람은 사랑의 결핍을 갖고 있는 사람일 것이다.

— 돈, 명예, 권력으로 채워지지 않는 사랑의 욕구 —

우리는 일생 동안 사랑이 필요한 존재이다. 아이에서 어른으로, 누군가에게 의존적인 존재에서 누군가를 책임지는 존재로 성장하고 육체적으로나 정신적으로 성숙한 어른이 되기 위해 사랑이 필요하다. 자신의 삶 속에서 삶의 의미를 발견하고 자신의 인생을 수용하고 자아를 실현하기 위해서 반드시 사랑이 필요하다.

사랑은 우리의 일생에서 에너지원으로 작용하며, 충분한 사랑을 얻지 못한 사람은 어른으로 가는 과정에서 어려움을 겪는다. 독일의 심리학자 요아힘 마즈(Joachim Maaz)는 "어린 시절 충분한 사랑을 받지 못한 사람은 사랑에 목말라 하면서도 막상 사랑을 해야 할 순간에는 사랑으로부터 도망치고 사랑에 저항하는 등 타인을 사랑하지 못하는 딜레마에 처한다."고 하였다.

어린 시절의 사랑 결핍은 한 인간의 인생에서 가장 고통스러운 경험이다. 채워지지 않는 사랑의 욕구 밑에 숨겨진 사랑의 상처가 똬리를 틀고 있다가 언젠가는 자신에게 상처를 입힌다. 또 사랑의 결핍을 채우기 위해 타인의 몸을 간절히 원하는 섹스에 몰두할 수 있다. 그것은 친밀감을 바탕으로 한 따뜻한 섹스가 아닌 일방적이고 충동적인 섹스이다. 그러나 아쉽게도 사랑의 결핍은 그 어떤 것으로도 보충되지 않기 때문에, 결국 자신의 참모습을 잃어버린 채 돈, 명예, 권력을 끝없이 갈구하게 된다.

어른의 세상에서 돈, 명예, 권력을 가진 사람은 다른 사람의 존중과 관심, 사랑과 찬사를 받을 수 있다. 그래서 사랑이 결핍된 자리는 돈, 명예, 권력으로 대체되고, 이것들을 얻기 위해 투쟁하고 고군분투하며 인생의 대부분을 보낸다. 이러한 사랑의 대용물들은 어느 정도 사랑의 결핍을 채워 주는 듯하지만, 탐욕은 결코 채워질 수 없기에 타인에 대한 열등감과 불안으로 자신의 몸과 정신을 갉아먹으며 서서히 지쳐 가게 된다.

그런가 하면 사랑의 결핍을 배우자를 통해 채우려 하는 사람도 있다. 이 경우 자신은 물론 배우자를 고통스럽게 만들 수 있다. 배우자의 사랑을 간절히 열망하지만 그럴수록 배우자는 더 멀어져 간다. 배우자에게 애걸하기도 협박하기도 하고, 때로는 스스로 과도한 헌신과 복종을 하지만 갈등은 채워지지 않는다. 그러면서 마음속으로 자책한다. '왜 나는 그 흔한 사랑을 못 받는 것인가? 내가 사랑받고자 하는 것은 지나친 요구가 아닌데 왜 나는 늘 상처를 받는가?' 그리고 배우자에게 실망하거나 배우자를 원망하게 된다.

사랑에 상처받은 사람들은 결국 이런 모든 고통과 아픔에서 벗어나게 해 줄 죽음에 강하게 이끌린다. 섹스와 죽음에 강한 충동을 느끼면서 서서히 현실 세계로부터 달아나려 하는 것도 이에 대한 한 가지 반응이다. 프로이트는 "회복은 결국 사랑에 있다."고 말한다. 사랑이 부족해서 생긴 모든 결과는 사랑을 통해서 회복될 수 있다.

—'지나간 사랑'의 상처에서 '지금의 나'를 분리하기—

프로이트는 "사랑의 회복을 위해 필요한 것이 하나 있는데, 그건 바로 이성의 강화"라고 말했다. 이성을 강화하기 위해서는 먼저 자신의 내면을 잘 들여다보고 이를 솔직하게 표현하는 법을 배워 몸에 익혀야 한다. 다음으로 내면세계와의 만남을 위한 안정된 공간과 시간이 필요하다. 끝으로 나의 말에 경청하고 용기를 북돋우며 공감해 줄 수 있는 대화 상대가 있어야 한다.

* * *

어린 시절 부모님에게 충분히 사랑받지 못하고 성장한 윤미 씨는 늘 애정결핍을 느끼며 살아왔고 그러한 사랑의 상처를 치유하기 위해 남편에게 간절히 사랑받고 싶어 하였다. 그녀는 남편의 사랑을 갈망했지만 이것을 채워 주지 않는 남편에게 몹시 실망했다. 남편을 변화시키기 위해 애도 썼지만 곧 지쳐 버렸다.

그녀가 남편에게 바라는 역할은 돈을 벌어오는 가장의 역할, 남편, 아이들 아빠의 역할 외에 하나 더 있다는 것을 상담 중 알게 되었다. 그것은 상담사의 역할이었다. 언제든 요청할 때마다 응해 주는, 그것도 24시간 대기 중인 무료 상담사의 역할이었다. 그녀는 불안하고 외로움을 느낄 때마다 이야기를 잘 들어 주고 공감과 위로를 해 줄 남편을 원했던 것이다. 하지만 그것이 충족되지 않자 남편이 다른 역할들을 잘 수행했어도 늘 불만족스러워하였고 남편을 비난했다.

우리의 모든 행동에는 무의식적인 동기와 어두운 그림자가 있으며, 사랑의 과정에도 마찬가지로 무의식적인 작용이 존재한다. 현재의 사랑에서 과거의 불행했던 사랑 경험을 분리시키는 작업을 해야 한다.

어린 시절 충분히 사랑받지 못한 채 어른이 된 사람은 사랑하는 사람(대상)이 나타났을 때, 자신의 모든 문제를 해결하고 부모와 가족들이 주지 못한 사랑을 해소할 기회로 여긴다. 사랑의 대상에게 자신이 원하는 소망을 투사하고, 자신이 보고 싶어 하는 환상 속에서 상대를 바라보다 결국 실망하고 절망하게 된다.

사랑의 대상은 이성이 될 수도 있고 돈이나 명예, 권력 혹은 일이 될 수도 있다. 그러나 그 사랑의 끝은 언제나 같다. 사랑의 대상에게 느꼈던 흥분과 설렘이 불안과 실망으로 바뀌고 곧이어 역겨움과 증오로 변질된다. 어린 시절 충족되지 못한 사랑은 그 누구로도, 그 무엇으로도 결코 보상받거나 회복될 수 없다.

현재 자신의 사랑에 여전히 무의식적으로 영향을 미치고 있는 과거의 사랑 경험을 분리하기 위해서는 자신의 내면을 들여다볼 수 있는 용기가 필요하다. 자신의 내면을 살펴보는 작업은 불편하고 두려운 사실과 직면해야 하는 매우 고통스러운 작업이기 때문에 기댈 수 있는 버팀목이 필요하다.

무의식을 의식의 차원으로 바꾸는 작업에서 우리의 이성은 우리 내면의 창고에 무질서하게 놓여 있던 과거의 고통스러운 기억들과 감정들을 잘 분류하고 정리하여 제 위치에 갖다 둔다. 이를 통해 우리는 자신을 객관적으로 관찰할 수 있을 뿐 아니라 자신과 다른 사람들, 특히 우리에게 중요한 어머니, 아버지, 배우자와의 관계를 구분하고 현재와 과거의 사랑을 분리할 줄 알게 된다.

그럼으로써 우리는 스트레스와 위기 상황에 처했을 때 술, 섹스와 자살 충동으로 달아나지 않고 현실을 있는 그대로 받아들여 거기에 대응할 수 있는 힘이 생긴다. 확고한 자기정체성을 세우고 자신과 타인을 사랑할 수 있다. 나는 누구인지, 내가 다른 사람들과 어떻게 다르고 그들 속에 어떻게 자리하고 있는지, 나의 인생에서 '현재'란 어떤 의미인지 알게 되면서 마음의 안정을 얻는다. 세상은 더욱 살 만한 것이 되며, 후회와 아쉬움 없이 자신의 인생을 살 수 있게 된다.

"이제 그만 생각을 멈추세요"

생각은 '하는 것'이 아니라 '나는 것'이다. 생각은 자연 발생적이며 피할 수 없는 인간 활동으로, 무의식중에 수없이 넘쳐 난다. 문제는 근심과 걱정이 '생각의 닻'을 내리는 순간이다. 그 순간 우리는 끊임없이 떠오르는 생각에 휩쓸려 스스로 고통의 바다에 빠질 수 있다.

* * *

나는 독일에서 유학을 하고 돌아와 삼십 대 중반에 교수가 되었다. 십 년도 넘은 일이다. 지금이야 완연한 중년이지만, 당시에는 비교적 젊은 교수여서 그랬는지 여러 번 봉변을 당했다.

새 학기가 되어 대학원에서 새로운 학생들과 수업을 하게 되었을 때였다. 학기 초부터 유독 나를 친절하게 대해 주고 강의 시작 전에 음료수를 꼬박꼬박 갖다 주던 학생이 한 명 있었다. 학기가 끝나고 학생들의 성적을 올리고 나서 얼마 후 그 학생에게서 전화가 왔다. 학생은 어떻게 자기에게 이런 점수를 줄 수 있냐고 항의했고, 점수를 올려 받을 수 없다는 사실에 해서는 안 될 막말까지 하더니 전화를 끊었다. 나는 한동안 어안이 벙벙했다. "성적을 교수가 아닌 학생들이 매긴다."는 말을 듣긴 했지만, 실제로 당하고 보니 마음이 힘들었다.

그다음 날, 학생이 쏟아 낸 거친 말들이 떠올라 나는 하루 종일 무엇에도 집중할 수가 없었다. 별거 아닌 일에도 예민해지고 짜증을 냈다. 애꿎은 가족들에게 신경질을 부리고 혼자 우울해했다. 생각하지 않으려고 애썼지만 자꾸만 그 일이 떠올라 고통스러웠다. 생각을 멈추는 것이 마치 태산을 옮기는 것처럼 힘들었다.

— 머릿속을 떠나지 않는 고통의 기억 —

고통스러운 기억을 떠올리며 계속 부정적인 생각을 하는 내담자에게 나는 늘 "이제 그만 생각을 멈추세요. 좀 더 노력해 보세요."라고 말했다. 돌아보니, 참 무미건조하게 한 말이었다. 그가 왜 자꾸 부정적인 생각에 빠져 스스로를 고통스럽게 만드는지 나는 이해하지 못했던 거다. 하지만 내가 막상 겪고 나니, 고통스러운 생각은 자신도 모르게 떠오른다는 사실을 알게 됐다.

트라우마의 피해자들은 트라우마를 일으킨 사건이나 사람 때문에 힘든 것이 아니라 트라우마와 관련해서 떠오르는 생각 때문에 고통스러워한다. 그런데 생각은 자신이 통제할 수 있는 것이 아니다. 생각하고 싶지 않아도 저절로 떠오른다. 정말 힘든 것이 바로 이런 거다. 그러나 많은 사람이 '생각은 자신의 의지로 발생하는 것이며, 생각이 많으면 의지가 약한 사람'이라고 확신한다.

상담실로 나를 찾아오는 사람들의 머릿속에는 부정적인 생각이 특히 많다. 걱정, 고민, 불안, 두려움에 따른 생각들은 더 크게, 더 많이 떠오르고 그 힘이 강하다. 과거의 안 좋은 경험에 대한 후회 또는 죄책감, 수치심, 불투명한 미래에 대한 걱정과 두려움 등은 어느 순간 저절로 떠오른다. 게다가 부정적인 과거가 긍정적인 과거에 비해 떠오르는 힘이 훨씬 강하다.

가까운 예로 회사 동료가 나에 대해 뒷담화한 것을 알게 되었다거나 믿었던 친구가 내 남자 친구를 빼앗았다거나, 신혼 초기 시부모가 나를 몹시 괴롭혔다거나, 아주 오래전에 엄마가 내게 "넌 누굴 닮아 그 모양이니?" 하고 꾸짖었던 기억은 두고두고 잊히지 않는다. 비슷한 어떤 일을 직접, 간접으로 경험할 때면 어제 일처럼 아주 선명하게 떠오르기도 한다. 너무 괴로워서 그 생각을 머리에서 지우려 해도 지워지지 않는다. 하루 종일 그 생각뿐이다. '아, 이러다가는 정말 미치겠구나.' 싶다. 그렇지만 떨칠 수가 없다. 생각을 멈출 수 있는 길이 없음에 절망하기도 한다.

트라우마의 피해자들이 공통적으로 보이는 특성은 부정적인 생각이 너무 많다는 것이다. 과거의 고통스런 기억이 끊임없이 떠오르고, 미래에 대한 걱정과 불안이 터무니없다는 것을 알면서도 끊임없이 생각한다는 것이다. 교통사고로 사랑하는 가족을 잃었다거나 애인이 배신을 했다거나 성폭력 피해를 입었다거나 하는 큰 트라우마의 경우에는 말할 것도 없다.

독일의 의사 헤르만 폰 헬름홀츠(Hermann Ludwig Ferdinan von Helmholtz)는 "뇌에서 일어나는 활동 중 상당수는 사물에 대한 의식적인 지각이 있기에 앞서 무의식중에 일어나는 것"이라고 말했다. 즉 생각은 우리의 자아에서 나오기보다 무의식에서 나온다는 것이다. 또 프로이트의 놀라운 공헌은 '우리의 이성이 별로 믿을 게 못 된다'는 것을 알려 준다. 그에 따르면 "우리의 생각에 영향을 미치는 것은 우리의 이성이 아닌 무의식인 것"이다.

생각은 '하는 것'이 아니라 '나는 것'이다. 생각은 자연 발생적이며 피할 수 없는 인간 활동으로, 무의식중에 수없이 넘쳐 난다. 문제는 근심과 걱정이 '생각의 닻'을 내리는 순간이다. 그 순간 우리는 끊임없이 떠오르는 생각에 휩쓸려 스스로 고통의 바다에 빠질 수 있다.

이렇게 부정적인 생각의 닻이 우리 내면에 내리면 제일 먼저 찾아오는 것은 불면증이다. 끊임없이 떠오르는 생각에 잠을 자지 못하는 것이다. 생각이 하나 떠오르면 꼬리에 꼬리를 물고 수많은 부정적인 생각들이 따라 올라오고, 그러다 보면 근심과 불안의 시나리오를 몇 편이나 완성한다. 또 수많은 생각이 만들어 내는 부정적인 감정들을 처리하는 와중에 정신이 지치게 되고 신체적으로도 무리가 따른다. 그 결과 병적인 증상이 나타나기도 한다.

이렇게 우리가 생각의 함정에 빠지면서 나타나는 첫 번째 증상은 과거와 현재, 미래를 혼동하고, 과거의 한 시점에서 발생했던 일이 현재와 미래에도 발생한다고 착각하고, 심지어 미래에 벌어질 일을 지금 고통스러워하는 것이다. 사실, 자신을 괴롭히는 부정적인 생각들

대부분은 과거나 미래로 이어져 있다. 그리고 경우에 따라 생각은 과거로 많이 가기도 하고 미래로 많이 가기도 한다. 매일 밤 한 사람의 내면에서 과거, 현재, 미래가 엉망으로 엉켜 버려 도저히 풀 수 없는 실타래가 되고, 무의식적으로 이 실타래를 풀고자 애를 쓰지만, 그러면 그럴수록 더욱 생각을 멈출 수 없게 된다. 그렇게 불면의 시간도 늘어 간다.

― '새의 시각'으로 나의 고통을 내려다보다 ―

* * *

선미 씨는 초등학교 6학년 때 삼촌에게 성폭행을 당했고, 이십 대에는 직장에서 상사에게 성추행을 당했다. 그녀는 상사에게 성추행을 당하며 어렸을 적에 삼촌에게 성폭력을 당할 때 느꼈던 무력감과 수치심, 불안감을 똑같이 느꼈다.

일찍이 그녀는 삼촌의 성폭행을 자기 자신이 무능한 탓으로 돌렸었는데, 이번에도 상사의 성추행을 자신의 탓으로 돌렸다. 그와 동시에 극도의 무기력과 우울감에 빠져들었다. 또한 과거와 현재의 일을 혼동했고 초등학교 6학년 그때와 똑같은 행동 패턴을 보였다. 그녀는 과거의 무력했던 자신이 현재에도 여전히 존재한다고 생각했다.

자신이 생각의 함정에 빠진 것을 알게 된 선미 씨는 이제 그만 생각을 멈추고 싶었지만 부정적인 생각들은 그녀의 머릿속에서 끊임없이 움직이고 있었다. 한번 떠오른 생각은 사라지지 않고 그녀의 머릿속을 떠돌며 삶에 깊은 고통을 주었다.

고대 철학자들은 생각의 실타래가 풀리지 않아 고통스러울 때 "새의 시각으로 세상을 보라"고 권한다. 자유롭게 창공을 나는 새의 시각은 대개 위에서 아래를 향한다. 이러한 새의 시각으로 보면 현재의 모든 근심과 복잡한 생각들을 넓게 멀리 볼 수 있다. 또 그동안 너무 근거리에 있어서 한 귀퉁이밖에 보지 못했던 두려움과 근심의 실체를 발견할 수 있다.

또 마르쿠스 아우렐리우스(Marcus Aurelius Antoninus)는 『명상록』에서 "새의 시각으로 보면 그대를 괴롭히던 많은 쓸데없는 것들이 지워진다."고 말했다. 고뇌와 근심이 뒤엉키고 과거와 미래가 얽히고설킨 순간, 어느 정도 거리를 두고 전체를 조망하면 복잡한 생각들이 단순해지고 생각의 혼란이 수그러든다는 말이다.

새의 시각을, 심리학 영역에서는 '객관적 관찰'로 치환할 수 있다. 심리 상담은 내담자로 하여금 자기 문제를 객관적으로 관찰하도록 돕는다. 자기 문제를 한 걸음 뒤로 물러나서 바라보면 그동안 보지 못했던 부분이 보이고 여기서 새로운 해결의 실마리를 찾을 수 있기 때문이다.

도저히 변할 수 없을 것 같았던 선미 씨가 변하기 시작한 것은 자기의 생각을 감독하는 방법을 배우면서부터이다. '의심하기-비판하기-결심하기' 기법은 객관적으로 자기를 보게 만들어, 홍수처럼 밀려오는 부정적인 생각을, 나를 관통하는 길이 아닌 다른 길로 흘러갈

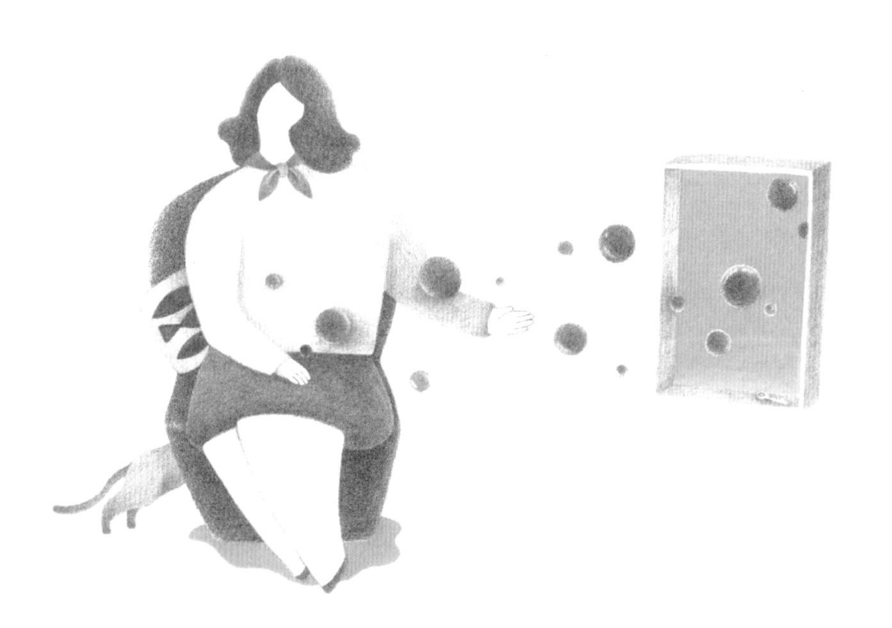

수 있도록 돕는 기술이다.

사실, 선미 씨는 어린 시절의 고통스런 기억을 현재에도 끊임없이 떠올렸고 그때마다 무력했던 자신을 수치스러워했다. 그런 수치스러운 일이 현재와 미래에 또 다른 모습으로 일어날 수 있다고 여겼으며, 종종 아무것도 아닌 일에도 혼자 괴로워하며 혼란, 불안, 피해망상을 겪고 있었다.

나는 그녀에게 이런 생각의 홍수가 밀려올 때 한 번이라도 그 생각들이 타당한지 의심을 해 본 적이 있냐고 물었다. 놀랍게도 그녀는 단 한 번도 자신에게 밀려오는 생각들이 실제인지 또는 타당한지 의심해 본 적이 없었고, 그 모든 생각들이 닻을 내리도록 허용하였다. 언제나 자신과 주변 사람들을 의심하고 불안한 눈으로 바라보며 예민하게 반응하고 있었음에도 정작 자신이 하는 생각이 타당한지에 대해서는 의심을 하지 않았던 것이다.

나는 그녀에게 생각의 홍수가 밀려올 때마다 의심해 볼 것을 권하였다. 바로 이렇게. '내가 또다시 그런 일을 당하게 될까? 그 일이 벌어졌을 때 나는 초등학생이어서 약하고 무력했지만, 지금은 그렇지 않아! 나는 안정된 직업도 있고 나에게 힘이 될 사람들이 있어! 무력하게 당하지 않을 가능성이 훨씬 크다고.'

그녀는 부정적인 생각들이 닻을 내리기 전에 자신의 생각을 의심하면서 생각들이 자리를 잡는 것을 늦추었고, 그러면서 조금씩 자신의 생각들을 감독하기 시작하였다. 그리고 부정적인 생각이며 기억들로부터 자신의 인생을 지켜 나갈 것이라고 단단히 결심하였다.

자신의 생각을 의심하고 비판하는 작은 시도만으로도 내면에 엄청난 변화를 가져올 수 있다. 부정적인 생각들이 올라오면 그것에 휩쓸려 누구나 극도의 불안과 혼란 상태에 빠질 수 있다. 하지만 자신의 생각을 감독하고 자신을 괴롭히던 문제를 새의 시각으로 바라보면 나와 내 주변을 새롭게 조망할 수 있다. 비로소 나와 세상의 문제를 객관적으로 이해하고 받아들이게 되는 것이다.

2부

"상처받은 가족"

상처에 대한 기억 자체가 우리를 힘들게 하지는 않는다. 우리가 경험한 상처에 대해
아무도 공감해 주지 않았을 때 아픔은 더 커진다. 공감해 줄 수 있는 사람이 없을
때 우리는 뼈아픈 고독과 외로움을 느끼게 된다. 외로움은 혼자라서가 아니라 나를
이해하거나 공감해 주는 사람이 없다는 것을 의미한다.

빚보다 무서운 불행의 대물림

"행복한 가족은 모두 엇비슷하고, 불행한 가족은 불행의 이유가 제각기 다르다." — 레프 톨스토이(Lev Nikolayevich Tolstoy)

* * *

지난겨울 우리 집 욕실을 대대적으로 공사했다. 바닥에 온돌을 넣고 타일을 새로 깔았다. 우리는 확 변한 화장실을 둘러보며, 공사 기간 중 불편을 감수한 것에 보람을 느꼈다. 그런데 이튿날 보일러가 터져서 거실로 많은 양의 물이 흘러나왔다. 나와 아내는 바닥 공사를 할 때 쿵쿵거리며 망치를 내리쳤던 것을 떠올리고 어떻게 공사했기에 보일러 배관이 터졌냐고 항의를 하였다. 나의 비난 섞인 눈초리를 받으며 기술자들은 화장실 바닥을 뜯어냈다. 뜻밖에 화장실 바닥에는 아무 문제가 없었다.

우리는 누수 전문가를 불러 물이 새는 원인을 찾아보았다. 물은 화장실과 전혀 상관없는 보일러의 동 파이프가 낡아서 흘러나온 것이었다. 누수 전문가가 말하길, "간혹 정품을 사용하지 않고 동 함량이 미달인 제품을 쓰면 이런 일이 발생한다."고 하였다. 공사 기술자 중 한 분이 말씀했던 대로 오비이락(烏飛梨落)과도 같은 일이었지만, 그날 나는 공사 기술자들을 비난했던 것에 미안함과 함께 수치심을 느꼈다.

— 가족 문제는 일정한 패턴이 있다 —

어떤 문제에 직면했을 때 우리는 '원인 혼란'에 빠질 수 있다. 인과관계가 복잡한 가족 문제에서는 더 자주 그렇다. 보통 가족 문제는 한 가지에 기인하지 않는다. 서로 모순된 여러 원인들이 꼬여 있기 때문에 하나의 원인을 찾는 일 자체가 무의미할 때가 있다. 따라서 다른 어떤 상담보다 가족상담의 성공률이 낮다.

『총, 균, 쇠(Guns, Germs, and Steel)』의 저자 재레드 다이아몬드(Jared Diamond)는 소설 『안나 카레리나』의 첫 문장 "행복한 가족은 모두 엇비슷하고, 불행한 가족은 불행의 이유가 제각기 다르다."를 인용하면서 '안나 카레리나의 법칙'에 대해 이야기한다. '안나 카레리나의 법칙'은 가축화에 적합해 보이는 수많은 야생 포유류가 왜 가축화되지 못했을까를 설명하기 위해 다이아몬드가 도입한 법칙이다. 그는 이 법칙을 설명하면서 "결혼 생활이 행복하려면 수많은 요소들이 성공적이어야 한다. 한 가지만 어긋나면 나머지 요소가 아무리 성공적이

어도 결혼 생활이 행복할 수 없다."고 말했다. 이러한 언급들이 암시하듯, 가족 문제의 원인을 찾는 과정은 몹시 복잡하고 힘든 과정이다.

그럼에도 가족상담사들은 상담에서 종종 하나의 원인에 집중하다가 중요한 해결의 실마리를 놓치는 실수를 한다. 가족 문제에 단일한 원인이 존재하는 경우도 없지는 않다. 하지만 잊지 말아야 할 것이 있다. 가족 문제는 여러 가지 복합적인 원인의 집합체라는 것. 따라서 상담사나 가족은 문제의 원인을 찾으려고 애쓰기보다 문제의 패턴을 찾는 데 집중하는 것이 해결에 훨씬 유용할 때가 많다.

무라카미 하루키(村上春樹)의 소설 『1Q84』에 다음과 같은 내용이 나온다.

"어떤 사람이든 사고나 행동에는 반드시 패턴이 있고, 그런 패턴이 있으면 거기에 약점이 생기지. (…) 패턴이 없으면 인간은 살아갈 수 없어. 음악에서의 테마 같은 거야. 하지만 그건 동시에 인간의 사고나 행동에 틀을 만들고 자유를 제약해."

우리의 모든 생각과 행동에는 일정한 패턴이 있으며 이것은 우리의 사고와 행동을 결정하는 틀이 된다. 마찬가지로 어느 가족에든 무의식적으로 공유하고 있는 사고와 행동의 패턴이 존재한다. 가족 관계의 패턴은 결혼 생활 속에서 어떤 관계나 일이 매일 반복되면서 만들어진다. 그리고 이러한 패턴 속에서 가족 문제는 반복된다. 가족 관계, 부부 관계의 어려움은 개개인의 성격과 마음이 서로 맞지 않아서, 조금 더 참지 않아서, 어느 누군가의 성격이 나빠서 발생하는 것이 아니라 일정한 패턴에 따라 고통스러운 결혼 생활을 반복하고 있는 것을 보여 줄 뿐이다.

— 회전문을 통과하듯 돌고 도는 가족의 삶 —

새로운 가족은 백지상태에서 시작되는 것이 아니다. 각 배우자는 새로이 만들어진 가족에 이전 세대의 가족 문화와 전통을 가져온다. 사람은 누구나 자신이 뿌리내리고 있는 가족의 전통과 문화로부터 자유로울 수 없다. 한 가족의 역기능, 주고받음의 불균형, 가족 내 착취와 왜곡, 학대, 방임, 중독, 폭력 등은 현재의 것인 양 보이지만, 이러한 관계 패턴은 이미 수세대에 걸쳐 반복된 악순환이다.

가족 안에 내재한 과거의 불행했던 경험들을 이러한 관계 패턴의 틀에서 볼 때, 가해자-피해자라는 단순 도식이 아닌 순환하는 관계의 도식이라는 것을 알 수 있으며, 가족의 상처와 불의는 대부분 세대에서 세대로 전달된다는 것을 확인할 수 있다. 가족치료사 보스조르메니 나지(Ivan Boszormenyi-Nagy)는 "마치 건물의 회전문을 통과하듯이 가족은 세대 전수를 통해 비슷한 삶을 살아간다."고 말했다.

최근 일본은 급격한 우경화로 주변국들과 끊임없는 신경전을 벌이고 있다. 일본의 일각에서 조금씩 제기되었던 우경화 주장이 일본의 정치권을 비롯한 주류 사회에서 본격적으로 시동된 것에 많은 사람이 놀랐다. 하지만 그 나라의 역사를 잘 살펴보면 이와 같은 일본의 움직임이 그리 새로운 것이 아님을 알 수 있다.

일본은 자기 나라는 아시아가 아니라고 지속적으로 말했으며 스스로 위치를 그렇게 정하고 살아왔다. 아시아적인 것을 거부하고 '서양과 아시아 사이의 한 나라'쯤으로 여겨지길 바랐다. 실제로 지난 100년 동안 일본은 아시아 최고의 나라로 군림했고, 자신의 우월한 지위를 그렇게 표현했던 것이다.

그러나 이제 5000년 아시아 역사의 최강자 중국이 돌아왔다. 일본은 2등의 자리로 밀려나야 하는 상황이다. 역사적으로 문제가 되었던 국경 문제는 물론이고 경제, 문화 등 많은 분야에서 중국과 힘겨운 싸움을 해야 한다. 더욱이 아시아는 더 이상 후진 지역이 아닌 세계 무역과 문화에서 중요한 축이 되었다.

일본은 서구 제국주의의 강풍 속에서 메이지유신을 통해 정치, 사회 시스템을 변화시켰다. 그 덕에 그들은 식민지 지배의 수모를 겪지 않았고 오랫동안 아시아에서 우월한 지위를 차지했다. 현재 일본의 엘리트는 메이지유신 직전의 엘리트와 자신을 동일시하고 있는지 모른다. 그의 조상이 현명하게 위기에 대처했듯이 자신도 지금 그와 같이 해야 한다고 생각하면서 말이다.

일본의 역사를 통해 일본의 현재를 이해할 수 있듯, 가족 문제의 역사를 통해 가족의 현재를 진단할 수 있다. 현재 가족이 겪고 있는 아픔과 갈등은 당사자들에게는 수치스럽고 기억하고 싶지 않은 과거에서 비롯된 것일 수 있다. 하지만 부인한다고, 억지로 밀어낸다고 해서 거기서 자유로워지지는 않는다. 오히려 불행한 역사에 더 얽매일 수 있다. 우리가 역사를 기억해야 하는 이유는 앞으로 나아가기 위해

서다. 과거는 과거일 뿐이라고 말하기 위해서는 과거를 알고 기억해야 한다.

— 바꿀 순 없지만 이해하면 달라진다 —

가족 문제의 복잡성을 이해하기 위해서는 오랜 시간 가족 안에서 반복되고 있는 일정한 패턴을 알아야 한다.

보웬에 따르면 가족 문제의 세대 전수에는 가족 투사 과정이 존재한다. 가족 투사 과정이란 '분노와 불안과 같은 부정적 감정을 다른 가족에게 투사하는 것, 부부 갈등을 자녀에게 투사하여 자녀를 부부 갈등에 끌어들이는 것'을 말한다. 즉 가족 투사 과정을 통해 자녀는 부부 갈등에 휘말려 고통을 당하고, 그들이 성장하고 결혼을 한 후 자신의 부모와 같은 방식으로 부부간 분노와 불안에 대처하게 된다.

* * *

얼마 전 막 결혼을 한 지현 씨가 상담실을 찾아왔다. 그녀는 남편에게 이유 없이 자꾸 분노하게 되는데, 자신이 생각하기에 이것이 너무 심하다고 했다. 별것도 아닌 일로 남편에게 불같이 화를 내고, 남편이 꼬리를 내리고 자기 눈치를 보면 비로소 마음이 편해지고 불안감이 가라앉는다고 하였다.

지현 씨는 남편에게 분노를 표출하고 이를 통해 남편을 통제했다. 지현 씨가 이렇게 하는 이유는 사실 자기 불안을 다스리기 위해서이다. 그러나 이런 관계는 오래갈 수 없고 남편의 인내심도 어느 순간 바닥날 것이란 사실을 그녀도 알고 있었다. 그럴수록 그녀는 더 불안해졌고 더 반복적으로 이런 행동을 했다.

나는 그녀의 가족 관계 패턴을 찾아내기 위해 어렸을 때 부모와의 사이는 어땠는지 물었다. 그 과정에서 그녀가 아버지에게 엄청난 분노를 가지고 있음이 드러났다. 동시에 그녀는 그만큼의 공포와 두려움도 갖고 있었다.

그녀의 아버지는 어린 시절 수없이 아내와 자녀들을 폭행했다. 아버지는 가족에게 자신이 두려운 존재로 인식되기를 바랐다. 퇴근하고 돌아왔을 때 아버지를 보고 자식들이 어쩔 줄 몰라 하는 모습을 보면서 편안함을 느꼈다. 그런데 그런 아버지 역시 식구들을 학대하고 모질게 대했던 자신의 아버지에게 분노와 공포를 품고 있었다. 자신의 아버지 또한 서자로 태어나 큰어머니에게 무시와 학대를 받은 분노를 가족에게 풀곤 했던 것이다.

지현 씨의 분노 행동은 그렇게 몇 세대에 걸쳐 내려온 일정한 패턴의 하나였다. 할아버지와 아버지, 그리고 그녀는 어렸을 적에 가족 폭행과 그보다 더 무서운 공포와 두려움을 경험했다. 고통스러운 어린 시절을 보냈고 다음 세대에 똑같은 패턴을 전수하였다.

이러한 사실을 인지하게 되면서, 지현 씨에게 변화가 찾아왔다. 그녀에게 해독제는 '감정이입'이었다. 그녀는 피해자가 겪을 공포와 두려움, 억울함을 누구보다 잘 알고 있었다. 나는 그녀에게 "남편의 마음에 감정이입을 할 것"을 권하였다. 남편이 아내에게서 느낄 그 두려움은 낯선 것이 전혀 아니었다. 그녀 자신이 아버지에게 느꼈던 감정이었다.

그녀는 이제 불안과 분노가 밀려올 때면 자신의 아버지와 할아버지를 떠올리고 남편의 마음에 감정이입을 하면서 스스로를 조금 더 자제할 줄 알게 되었다.

가족에 불행을 불러오는 3종 세트

"많은 이들이 스스로 의식하지 못하는 어떤 반복의 매듭에 얽매어 있거나, 자신을 잡아 주고 끌어 주는 것이 무엇인지 알지도 이해하지도 못한 채 불행을 반복할 수 있다." — 버트 헬링어(Bert Hellinger)

* * *

대학 동기와 제주도에서 만나 부부 동반으로 함께 식사를 한 적이 있다. 그런데 식사 중에 친구의 아내가 계속해서 결혼 생활에 대한 불만을 쏟아 내는 바람에 화기애애하던 자리가 불편해졌다. 아마도 내 직업이 가족상담사라서 하고 싶은 말이 많았던 모양이다. 친구가 잠시 자리를 비우자, 그의 아내는 자기가 왜 힘든지 구체적으로 말하기 시작했다.

친구는 매일 정확한 시간에 퇴근해서 집에 왔다. 집에 오면 고정 좌석인 소파에 몸을 기대고 밤늦게까지 TV를 시청하였다. 집에서 무슨 일이 일어나고 있는지 전혀 신경 쓰지 않았고 당연히 애들과도 놀아 주지 않았다. 소파에 혼자만의 성을 쌓아 놓고 있었다.

겉으로 보기에는 직장 생활을 열심히 하고 일찍 귀가하는 착실한 가장이었지만, 안타깝게도 내 친구는 그저 '돈만 벌어 오는 가장'이었다. 심리학적 용어로 설명하자면, 가족 간의 소통 부재, 공감 부재, 관계 부재를 일으키는 사람이었다. 가족들에게 무관심하고 가족들과 전혀 소통하지 않았다. 그는 식구들에게 지나치게 냉정했고, 그에게 따뜻한 친밀감을 느끼지 못한 식구들은 늘 외로워했다.

친구는 술과 여자를 좋아하고 집에 와서는 폭력과 폭언을 일삼는 아버지 밑에서 성장했다. 아버지의 이런 모습은 언제나 가족들을 힘들게 했고, 그런 아버지 대신 어머니가 가족을 먹여 살리기 위해 애를 썼다. 어린 나이였지만 그는 아버지에게는 분노의 감정을, 어머니에게는 미안한 마음을 갖게 되었다. 어머니를 기쁘게 해 드리려고 더욱 열심히 공부하였다. 그는 어머니의 삶에 큰 위안이 되었다.

시간이 흘러 친구는 한 집안의 가장이 되었다. 성실히 직장 생활을 하고 술과 여자는 멀리했으며 당연히 폭력이나 폭언도 하지 않았다. 그런데 어느 날부터인가 아내와 아이들이 자기 때문에 힘들다는 말을 계속 하는 것이다. 친구는 충격을 받았고 억울했다. 그의 입장에서는 그럴 만했다. 아버지처럼 살지 않기 위해 애썼고 또 그것에 성공했기 때문이다.

하지만 어린 시절에 그는 힘든 일을 많이 겪으면서 자기의 감정을 느끼거나 표현하는 것을 자제하게 되었다. 오직 어머니를 기쁘게 하기 위해 열심히 살았다. 그러는 사이 그에게 자신의 감정이란 허용될 수 없는 것이 되었다. 그는 가족들과 정서적으로 소통하는 것이 어려운 사람이 되어 버렸다. 힘든 일이 있거나 스트레스를 받는 일이 많을수록 더욱 소파에 몸을 묻고 리모컨을 만지작거렸다. 자기 안에 있는 부정적인 감정을 그렇게 삭이고 있었던 것이다.

트라우마 가족치료의 선구자인 독일의 가족치료사 헬링어는 "가족 문제에서는 현재의 문제가 과거의 문제의 연속이거나 반복임을 알게 되는 경우가 빈번하다."고 말했다. 또한 "많은 이들이 스스로 의식하지 못하는 어떤 반복의 매듭에 얽매어 있거나, 자신을 잡아 주고 끌어 주는 것이 무엇인지 알지도 이해하지도 못한 채 불행을 반복할 수 있다."고 말했다.

— 가족을 힘들게 하는 세 가지 —

우리의 기성세대에게서 가족의 아픔과 상처를 유발하는 '3종 세트'를 발견할 수 있다. 그것은 '돈만 벌어 오는 가장', '중독', '무기력'이다. 이 세 가지에는 공통점이 존재한다. 가족이 받는 고통과 상처의 원인과 결과를 인식하기 어렵다는 것이다. 단지 그 사람의 성격, 기질 때문에 혹은 가족들이 너무 예민하거나 불만이 많아서 그렇다는 식으로 고통의 모습이 어디서 오는지 몰라, 가족들은 물론 그 자신도 알아채지 못할 수 있다.

'돈만 벌어 오는 가장'은 앞에 나온 나의 대학 동기와 같은 유형의 사람이다.

'중독'을 일으키는 것에는 알코올부터 일, 게임, 주식, 도박, 섹스 등이 있다. 그리고 이로 인한 중독자는 겉으로 드러나는 중독자와 숨은 중독자로 구분된다. 알코올, 게임, 도박 등에 빠져 자기 인생과 가족을 불행하게 만드는 중독자들은 쉽게 파악할 수 있다. 그러나 파악이 잘 안 되는 숨은 중독자들이 있다. 양복 입은 중독자, 즉 오피스 중독자가 그들이다. 이들 중 상당수는 명문대 출신에 사회적으로 성공을 이뤘지만 중독에 의존해서 살아가는 사람들이다.

빈민가에서 홀로 사는 알코올중독자는 대개 자신에게만 피해를 주지만 오피스 중독자는 가족과 직장, 사회에 긴장과 갈등을 가져오고 다음 세대에 트라우마를 안겨 준다. 오피스 중독자는 인격과 성품보다 효율성을, 일의 과정보다 결과를 중시하는 사회에서 좋은 평가를 받을 수 있다. 하지만 이들이 가진 내면의 취약성은 가족에게 심각한 상처를 가져다준다.

'무기력'은 자신감과 삶의 주도권을 잃어버린 사람에게서 나타난다. 무기력한 사람은 자기학대적 우울 증세를 보이거나 폭력을 행사하거나 절대적인 가부장의 역할을 수행한다. 그럼으로써 잃어버린 자신의 힘을 가족 안에서 보상받으려고 한다. 사사건건 시비를 걸고 꼬투리를 잡아서 화를 내고 아내와 아이들에게 위압적으로 대하여 가족들을 꼼짝 못하게 한다. 가족들이 자신에게 겁을 먹고 벌벌 떠는 모습을 보며 스스로를 위안한다. 그러한 가장 밑에서 자란 자녀들은 아버지가 원하는 것이 자기를 두려워하는 모습이라는 것을 차차 알게 된다.

무기력한 사람은 자신의 무기력을 숨기고 폭력과 폭언, 통제와 간섭을 통해 가족 안에 친밀감이 형성될 수 없게 하고 자신이 힘들어하는 적개심과 분노, 무기력, 우울을 가족 모두가 경험하게 만든다.

— 가족을 불행하게 하는 아버지 —

가족 안에서 건강한 아버지의 역할을 못하는 사람들은 크게 두 가지 유형으로 나뉜다. 가족을 지나치게 통제하고 간섭하는 아버지와 가족에게 무관심하고 무신경하고 방관하는 아버지가 그것이다. 돈만 벌어 오는 가장은 방관하는 아버지가 될 가능성이 높고, 무기력한 아버지는 통제하고 간섭하는 아버지가 될 수 있으며, 중독을 가진 아버지는 양쪽 모두가 될 수 있다.

'돈만 벌어 오는 가장', '중독', '무기력'을 가진 아버지들의 마음으로 들어가 보면, 문제의 근원지는 언제나 가족이라는 것을 알 수 있다. 그들은 모두 과거에 가족 때문에 고통스러운 시간을 보냈다. 어린 시절 가족에게 받았던 상처와 분노를 해결하지 못한 채 성장하여 마음의 문을 꼭 걸어 잠근 것이다. 자기만의 성에 들어가서 나오지 않거나 알코올, 게임, 도박, 음식, 섹스, 일에 중독되거나 무기력함을 보상받기 위해 가족들을 괴롭히는 사람이 되어 버린다. 가족의 상처는 되풀이되고 고통은 끈질기게 이어진다. 이것이 바로 핏줄이고 가족인 것이다.

모든 가족 관계는 과거와 현재가 복잡하게 뒤엉켜 있다. 가족 안에

서 생겨난 트라우마는 마치 도미노처럼 또 다른 트라우마를 일으킨다. 그런 까닭에 가해자는 한 명이지만 피해자는 여러 명이 될 수 있다. '돈만 벌어 오는 가장', '중독', '무기력'은 그 트라우마를 다음 세대로 전수함과 동시에 가족 내에 강력한 불행을 야기한다. 가족 구성원들에게 절망, 무기력, 수치심, 분노, 실망의 감정과 직면하게 만들어 가족이 고통 그 자체가 되게 한다. 이에 대해 영국의 정신과 의사이자 심리학자인 존 하웰스(John Howells)는 "가족은 환자를 돕는 사람들이 아니라 가족 자체가 바로 환자이며, 증상을 가진 가족 구성원은 그 가족의 역기능과 병리를 드러내는 역할을 한다."고 말했다.

— "좋은 부모를 본 적이 있어야 좋은 부모가 되지" —

현대사회에서 '돈만 벌어 오는 가장', '중독', '무기력'은 다양한 얼굴을 지니고 있다. 그것은 무관심, 차별 대우, 폭력과 폭언, 알코올, 외도, 성학대 등 여러 형태로 일어날 수 있으며, 가족들의 영혼에 깊은 상처를 남긴다는 공통점을 갖고 있다. 특히 가족을 통해 세상을 보는 아이의 시각에 결정적인 영향을 미침으로써 나중의 삶까지 결정한다. 또한 아이는 안정된 애착 관계를 형성하지 못하며 부모와의 관계가 손상되고 두려움과 굴욕감으로 얼룩진다. 그 아이가 성장하여 훗날 새로운 가정을 이루었을 때 부모에게 받은 상처를 어떻게 반복할지 상상하기란 그리 어려운 일이 아니다.

불행한 어린 시절을 보낸 많은 사람들이 자신들의 트라우마를 가족들에게 되풀이한다. 좋은 아버지, 좋은 어머니가 어떻게 행동하는지 알지 못하기 때문이다. 자기가 고통받고 있는 이유가 집안과 또는 부모와 연관되어 있을 수 있다고 막연하게 생각은 하지만 정확하게 인지하지 못한 채 살아간다.

과거는 개인에게 상당한 영향을 미친다. 그리고 과거로부터 말끔히 벗어나기란 거의 불가능하다. 하지만 아무리 그렇다고 하더라도 불행한 가족의 고리를 무기력하게 계속 반복해야만 하는 것은 아니다. 우리는 부모의 잘못과 실수가 되풀이되지 않도록 스스로 노력할 수 있다.

자신의 삶과 부모와 조부모의 삶 사이에서 불행의 반복에 대한 유사점을 발견할 때, 그리고 지금까지 무엇이 그들을 잘못된 길로 이끌었는지를 인식하게 될 때 비로소 문제를 극복할 수 있다. 우리는 자기 가족의 과거를 더 많이 알고 이해할수록, 자신이 어떤 가족사에 연루되어 있는지를 많이 알수록 세대 간에 반복되는 불행으로부터 일찌감치 벗어날 수 있다.

그러나 과거를 발견하는 이러한 작업은 우리에게 큰 고통을 주는 작업이다. 가족이 안고 있는 모든 비밀과 금기를 여러 세대에 걸쳐 반복해서 보게 된다는 것은 누구에게나 힘든 일이다. 하지만 비로소 가족의 상처에 대한 통찰을 얻을 수 있고 가족을 치유하고 화해시키는 힘과 사랑을 알게 된다.

아버지도 가끔은 울어야 한다

아버지는 세상이라는 거친 링에서 치명적인 부상을 당해 갈비뼈가 부러져도 그 사실을 모른 채 싸운다. 그렇게 열심히 살았으면 모든 것이 잘되고 행복해야 하는데, 꼭 그렇지만도 않다. 때로는 마음의 치명적인 부상이 그의 인생과 사랑하는 사람들에게 큰 상처가 된다.

마음에 상처를 받으면, 일단 기분이 나빠진다. 마음이 무거워지고 묵직하게 가슴 한구석이 답답하고 짓눌리는 느낌을 받는다. 마음에 들어온 이 불편한 느낌을 빨리 털어 내려 해도 금방 사라지지 않는다. 순간순간 마음을 짓누르고 기분을 상하게 만든다.

여자는 자기 안에 들어온 이런 부정적인 감정을 대화를 통해 해결하려고 하지만 남자는 상처를 혼자서 이겨 내려고 한다. 다른 사람에게 털어놓고 도움을 받으려 하지 않는다. 참거나 회피하거나 부인하려고 한다. 그럴수록 상처는 더욱 깊이 파고든다. 남자들은 입을 꾹 다문 채 자기의 감정을 드러내지 않고 TV 앞에서 감정을 삭이거나 엉뚱한 사람에게 화풀이를 한다.

— 술과 여자로 가족에게 상처를 준 아버지 —

내면에 쌓인 그림자는 '투사'를 통하여 해결된다. 투사는 내가 다른 사람에게 느끼는 감정을 상대방도 나에게 느끼고 있다고 여기는 것이다. 투사는 우리의 무의식에 있던 욕구, 감정, 생각, 동기, 소망을 영사기를 통해 상대방에게 비추는 것처럼, 자기 안에서 일어나는 모든 일이 타인에게도 일어난다고 여기는 것이다.

투사는 그림자를 해소하는 전통적인 방법이며 투사가 이루어지면 누군가는 희생의 제물이 된다. 올림픽이나 월드컵 등 국제 경기를 상상해 보면 이해하기 쉽다. 역사적으로 감정이 안 좋은 두 나라 간 경기가 있을 때 선수들은 상당한 심리적 부담을 호소한다. 두 나라 국민들의 감정과 생각과 욕구가 선수들에게 집중되기 때문이다.

* * *

철수 씨 아버지는 도매업을 통해 경제적 성공과 안정을 이룬 자수성가형 인물이었다. 그와 동시에 불안도가 매우 높은 사람이기도 했다. 사업이 잘 안 풀리면 한숨도 못 자고 불안해했다. 하루 일과를 마치고 집에 들어오면 아내와 아이들에게 신경질을 부리거나 작은 실수에도 예민하게 반응하였고, 그 덕에 식구들은 늘 긴장해야 했다.

그런데 성인이 된 철수 씨도 아버지와 똑같이 가족에게 투사를 하였다. 자기 집 쓰레기를 스스로 처리하지 않고 남의 집에 갖다 버리듯 자신의 부정적인 감정을 아내와 아이에게 무단 투기했다. 그리고 거기서 한발 더 나아가 자기 자신에게 두 번째 화살을 날렸다. 가족에게 그렇게 행동한 자기 자신을 수치스러워하고 괴롭혔으며 분노의 감정을 자기 자신에게 투사한 것이다.

이렇게 가족은 공격적인 행동이나 말로 가족들에게 그림자 투사를 하기도 하지만, 가족 밖에서 술과 여자로 위로를 받는 형태의 투사를 하기도 한다.

마음의 상처 → 부정적인 감정 발생 → 스스로 해결 시도 → 투사: 공격, 성

마음의 상처는 그림자를 쌓이게 하는 강력한 요인이 된다. 특히 남자는 그림자가 쌓이면 무의식적으로 공격성을 띠거나 섹스로 해결하려고 한다. 남자들이 이러한 방식을 취하는 것은 자기의 부정적인 감정을 혼자서 해결하는 것을 어려워하기 때문이다. 여자는 수다와 소통 등을 통해 그림자를 해소하지만 남자는 어떻게 해결해야 할지 잘 모른다.

공격성을 통한 투사로는 아내와 자식 때리기, 폭언, 비난하기, 타인들에게 시비 걸기, 운전할 때 상대방에게 거칠게 대응하기, 정서적으로 냉담하기(가족들에게 공감, 관심을 주지 않고 무관심하기) 등이 있다. 또 성을 통한 투사에는 술과 여자에게 위로 받기, 외도하기, 알코올중독에 빠지기, 주식, 게임 중독에 빠지기, 자기만의 성을 쌓아 놓고 그곳에 들어가 나오지 않기(혼자 있기), 자기와 사랑에 빠지기(자기만을 위해 살기, 자기만의 유흥과 쾌락을 위해 살기, 가족에게 이기적으로 행동하기) 등이 있다.

그중에서도 담배는 남자들이 부정적인 감정을 해소하는 데 좋은 수단이다. 담배를 끊기 어려운 것은 단지 담배 때문이 아니라 그동안 담배에 의존해서 감정을 해소했는데 이를 대체할 것이 없기 때문이다. 담배를 한 모금 빨며 연기를 날릴 때 가슴속 부정적인 감정도 함께 날아가는 느낌을 받는다. 그래서 담배를 끊었다가도 큰 스트레스를 받았다거나 마음이 힘들면 부정적인 감정을 해소하기 위해 다시 담배를 핀다. 섹스에 대한 탐욕 역시 상처받고 스트레스 받아 발생한 부정적인 감정을 성욕으로 전환해서 해결하려고 하는 것이다.

* * *

사업가 남편을 둔 아름 씨는 하루에 세 번씩 성관계를 요구하는 남편 때문에 몸과 마음이 지쳐 가고 있었다. 남편은 스트레스를 받으면 집착적으로 섹스를 요구하였다. 아내에게 섹스는 대화와 소통을 통해 마음을 열고 몸을 통해 친밀감을 얻으려는 것이었지만, 남편에게 섹스는 자기의 내면에 쌓인 그림자를 해소하려는 무의식적인 도구였다.

아버지는 세상이라는 거친 링에서 치명적인 부상을 당해 갈비뼈가 부러져도 그 사실을 모른 채 싸우곤 한다. 그렇게 열심히 살았으면 모든 것이 잘되고 행복해야 하는데, 꼭 그렇지만도 않다. 때로는 마음에 입은 치명적인 부상이 그의 인생과 사랑하는 사람들에게 큰 상처가 된다. 이제 남자들은 상처 받았다는 것을 스스로에게 고백해야 한다. 뼈가 부러지기 전에 자기 안에 있는 감정을 스스로 허용할 수 있어야 한다. 자기의 감정을 있는 그대로 인정하는 것은 패배와 실패를 의미하지는 않는다. 오히려 회복할 수 있는 기회를 제공해 준다.

— 현재 진형형인 '감정의 무단 투기' —

그림자 투사는 지금 이 순간에도 수많은 집단에서 구성원 중 한 사람을 왕따로 만들고 그가 공동체의 어둠을 혼자 감내하게 만든다. 인류 역사의 비극은 대부분 이러한 '그림자 투사'로 인해 일어났다. 감당하기 힘든 스트레스와 불안 가운데 놓인 남성이 아내와 아이들에게 투사를 하고, 사랑받지 못하는 결혼 생활을 하고 있는 여성이 아이들과 남편에게, 1차 세계대전의 패배와 경제공황 속에서 고통받던 독일인은 유대인에게, 관동대지진으로 가족과 모든 재산을 잃어버린 일본인은 조선인에게 그림자를 투사했다. 그리고 그 결과는 끔찍한 파괴로 나타났다.

제주도를 주로 찍었던 사진작가 김영갑은 그의 책 『그 섬에 내가 있었네』에서 아버지와의 관계를 이렇게 고백했다.

"아버지를 이해하기 시작한 것은 섬 생활 이후부터다. 섬에 내려와 나만의 삶에 빠져든 후로, 아버지에 대한 미움이 사랑으로 변해 갔다. 아버지의 알코올중독을 이해하기에는 내가 너무 어렸다. 아니 이해하려고 노력조차 하지 않았다. 아버지에 대한 분노만을 키워 가던 나를 앉혀 놓고, 어느 밤 외숙 내외가 긴 이야기를 시작했다. 결혼하고 얼마 후 아버지는 경찰서 유치장에 갇히는 신세가 되었다. 어머니는 그 추운 겨울날 어린 큰 형을 업고 면회를 다녔다. 아버지는 좌익으로 몰려 몇 달을 유치장에서 살았다. 그 일이 있은 뒤로 성실하던 아버지가 술을 마시기 시작하면서 폭군으로 변해 갔다. (…) 나는 아버지를 이해하지 못했다. 이해하지 못하면서 우리는 함께 살았다."

그의 아버지는 모순 많은 시대를 살아 내야 했던 수많은 아버지 중 하나였다. 수치스러웠던 일제 식민 지배와 곧이어 터진 좌우익의 대립, 참혹한 한국전쟁, 남북의 분단, 그리고 급속한 경제성장기에 발생한 경제적 불평등을 끌어안고 살았다. 그리고 그들이 겪었던 아픔과 고통은 현재를 살아가는 우리들에게 내면의 숙제로 남아 있다.

나는 아버지에게서 받은 상처로 현재까지 아파하고 있는 많은 사람을 만났다. 그들의 아버지는 알코올중독, 폭군, 외도로 가족을 고통의 바다에 밀어 넣었다. 그들은 자신이 겪은 시대적 고통과 울분과 속상함을 그렇게 가족에게 투사하였다.

우리의 의식은 모순도, 아픔도 애써 자신의 것으로 받아들이고 살아가려 하지만, 무의식 속에 있는 그림자 인격은 그러한 자아를 순순히 따르지 않는다. 그림자는 더욱 커지게 되고, 이로 인한 심리적 불균형은 어떤 식으로든 그림자를 해소할 것을 요구한다. 그러는 사이 아버지들은 자기도 모르게 가족을 그림자 해소 도구로 사용하게 된다.

가족의 문제를 떠안고 있는 아이

"거식증을 유발하는 가족은 자녀를 가족 갈등의 중재자로 사용할 뿐 아니라 상대방을 혼란스럽게 만들어 이럴 수도 저럴 수도 없게 만드는 이중 구속의 의사소통 구조를 갖고 있다."

— 마라 셀비니 팔라촐리(Mara Selvini Palazzoli)

* * *

영수는 중학교 때 반에서 1등을 놓친 적이 한 번도 없을 정도로 공부를 잘했다. 그런데 고등학교에 올라와 처음 치른 모의고사에서 원하던 결과가 나오지 않자 크게 실망하여 더 이상 공부를 하지 않으려 하였다.

영수가 부모 손에 이끌려 상담실을 찾았을 때는 공부를 전혀 하지 않고 매일 폭식을 하며 TV와 인터넷으로 시간을 보낸 지 6개월 된 상태였다. 영수는 그런 자신에 대해 불안해했다. 체중이 훅훅 늘고 시험 성적이 안 좋게 나올 때마다 부모를 원망하였다. 왜 자기가 공부를 하도록 설득하지 않느냐고 항의하였다. 하지만 평상시에 공부하라고 하면 불같이 화를 내며 대들었기 때문에 부모로서는 이럴 수도 저럴 수도 없는 상태였다.

영수는 '이중 구속(double blind)'의 모순된 소통을 하고 있었다. 이 사실을 영수의 엄마에게 말하자, 엄마는 무슨 얘기인 줄 알 것 같다며 영수와 가족의 이야기를 해 주었다.

영수는 어릴 때부터 같은 집에 살지만 서로 남처럼 지내는 엄마와 아빠를 보며 부모가 헤어지는 일이 없도록 자신이 모범생이 되어 부모를 기쁘게 하는 삶을 살고자 노력해 왔다. 하지만 이런 모범생 역할을 하는 것이 여간 힘든 게 아니었다. 아빠와 엄마가 서로 상반된 메시지를 보낼 때마다 영수는 심리적으로 위축되었고 점점 남의 눈치를 살피는 아이가 되었다. 그러던 어느 날 갑자기 '착한 아들 파업'을 선언하고, 부모가 자신에게 해 왔던 모순된 소통을 이제 부모에게 하고 있었다.

— 폭식과 거식을 유발하는 가족 —

가족치료사들은 가족 구성원의 특정 신체적 증상이 가족 문제에서 비롯된다는 것을 밝혀냈다. 그것은 쉼을 바라는 간절한 소망일 수도 있고, 자기 자신을 위한 공간과 배려에 대한 욕구일 수도 있다. 증상의 이면에 자리한 이러한 내면의 욕구를 인식하고 이것을 밖으로 끄집어내면 증상을 호전시킬 수 있다.

부모 사이에 문제가 있을 때 자녀는 문제 행동을 보일 뿐 아니라 특정한 신체적 증상도 보인다. 대표적인 신체적 증상은 거식증, 폭식증과 같은 식이장애이다.

거식증 연구의 선구자는 이탈리아의 정신과 전문의이자 가족치료사인 셀비니 팔라촐리(Mara Selvini Palazzoli)이다. 이탈리아는 1947년까지 식량 배급제를 실시했는데 당시에는 식량이 늘 모자랐다. 그러다 급속한 경제 성장기인 1950년대에 들어서면서 이유를 알 수 없이 음식을 거부하는 거식증 환자들이 급증했다. 식량이 부족하던 시절에는 없었던 새로운 질병에 정부는 속수무책이었다. 거식증 환자들은 몰골이 해골처럼 앙상해졌지만 계속해서 음식을 거부하였다.

팔라촐리는 거식증 환자들의 음식 거부와 체중 감소는 그 자신의 결정에 따른 결과로 보았고, 거식증의 원인을 호르몬 분비의 영역으로 인식하고 있던 동료 의사들과 마찰을 빚게 되었다. 이러한 마찰이 계기가 되어 팔라촐리는 이후 본격적으로 심리치료를 공부하였다. 그러면서 거식증의 원인이 가족에게 있으며 거식증은 병든 가족이 전하는 간절한 메시지라고 확신하게 되었다.

거식증에 걸리는 사람은 반항적이거나 공격적이어서 주변 사람을 힘들게 하는 유형이 아니다. 남에게 싫은 소리 못하고 피해도 안 주는 유형이다. 주위를 지나치게 신경 써서 가능한 한 문제를 일으키지 않고 남의 말을 잘 따르는 착한 사람들이다.

마찬가지로 착한 아이가 거식증에 걸리거나 다른 신체적 질병에 시달리는 이유는, 가족에 갈등과 불화가 생겼을 때 자신이 완충재가 되어 문제 해결에 나서는 가족의 중재자가 되기 때문이다. 가족의 문제를 보면서 나 몰라라 하지 않고 자기의 몸을 던져 가족을 지키려고 애쓰다가 어느 순간 지쳐 나가떨어지는 것이다.

— 가족 내 모순된 의사소통 구조를 바꾸다 —

얼마 전 지인의 어머니가 음식을 거부하다가 세상을 떠나셨다. 지인은 어머니가 음식을 드시지 않아서 세상을 떠났다고 말했지만, 나는 그의 말 뒤에서 어머니가 자기의 목숨을 걸고 거부하려던 인생의 아픔을 느꼈다. 음식 거부는 가장 강력한 저항과 거부의 행동이다. 어머니는 음식에 대한 자연스러운 인간의 욕구를 거부하면서 가족들에게 메시지를 보냈던 것이다.

팔라촐리에 따르면 거식증을 유발하는 전형적인 가족의 특징은 '부부 관계에 문제가 있다'는 것이다. 불안하고 침울하고 건드리면 폭발할 것 같은 가족 관계 속에서, 아이는 엄마의 안색을 살피고 아빠의 비위를 맞추는 고달픈 나날을 보내게 된다. 그리고 결혼 생활에 지친 엄마가 달아나는 곳은 '건강 염려증'이다. 큰 병이 아닌데도 병원에 가거나 입원과 퇴원을 자주 하고 병약한 모습으로 엄마와 아내의 역할에서 벗어나려 한다. 자녀는 엄마의 병약함에 늘 불안하고, 엄마가 세상을 떠날지도 모른다는 두려움에 간호사 역할을 자처한다. 그와 동시에 엄마를 대신해 가정에서 엄마의 역할을 떠안는다.

이런 상황을 지켜보면서도 여전히 병원을 즐겨 찾는 엄마는 자기

애 성향이 강한 사람이다. 타인을 공감하고 이해하기보다는 자기에게만 온통 관심이 집중되어 있어 좋은 엄마 역할을 하기 어렵다. 불만족스러운 결혼 생활과 남편에 대한 불만, 실망감에 빠져서 아이들의 감정과 욕구를 잘 알아채지 못하고 알아챈다 하더라도 제대로 반응하지 못하며, 자신의 병약한 몸을 무기로 가족들을 통제하고 지배하려 한다. 자녀를 사랑하지 않는 것은 아니다. 다만 자녀를 자기의 욕구를 채워 줄 도우미 또는 반려견쯤으로 본다는 것이 문제이다. 자녀의 불안과 절망, 과도한 책임감과 무력감에 대해서는 도통 관심을 기울이지 않는다.

이러한 엄마 밑에서 어떤 인정이나 보상도 받지 못한 채 가족의 욕구 속에 휘말려 있을 때 아이에게는 거식증과 폭식증이 나타난다. 아이는 식이장애를 통해 가족들에게 뭔가 호소하는 것이다.

팔라촐리는 "거식증을 유발하는 가족은 자녀를 가족 갈등의 중재자로 사용할 뿐 아니라 상대방을 혼란스럽게 만들어 이럴 수도 저럴 수도 없게 만드는 이중 구속의 의사소통 구조를 갖고 있다."고 말했다. 즉 '내가 너에게 말할 권리를 허용한다고 하더라도 나는 네가 말하는 내용을 거부할 것이다'라는 모순된 소통을 하고 있다는 것이다. 이런 가족 안에서는 소통이 불투명하기 때문에 자녀는 언제나 눈치를 보고 불안해하면서 심리적 긴장 상태를 유지하게 된다. 그에 따른 고통의 가중은 말할 것도 없다.

하지만 해결책이 없는 것은 아니다. 거식증과 폭식증에서 벗어나는 방법은 "가족 체계를 변화"시키는 데 있다. 일찍이 팔라촐리 또한 그렇게 결론을 지었다. 영수의 경우에는 이중 구속의 소통 문제를 가족 모두가 인식하고 소통 방식의 변화를 시도하면서, 영수가 가족의 문제를 과도하게 떠안고 있지 않은지 살피고 그러한 역할에서 벗어나게 해 주어야 한다. 더 이상 파업을 할 필요도, 반항을 할 필요도 없게 말이다.

얼굴만 보면 싸우는 부부,
성격 차이 때문일까?

우리는 자신과 전혀 다른 사람보다 별로 차이가 없는 사람에게서 더 큰 분노와 실망을 느낀다. 한마디로 '성격 차이'란 성격이 달라서가 아니라 너무 비슷하기 때문에 생긴다.

미 해군사관학교 교수 자카리 쇼어(Zachary Shore)는 전후 일본 정부가 불안감 때문에 저지른 실수의 대표 사례로, 특수위안시설협회(Recreation and Amusement Association)를 만들어 미국 군인들에게 합법적인 매춘을 제공한 것을 꼽았다. 미군이 본토로 들어오자 일본 정부는 이들을 위한 사창가를 만들어 15엔, 당시에 담뱃값도 안 되는 비용으로 매춘을 제공했다.

역사적으로 점령군을 위해 자발적으로 위안부 시설을 제공한 나라는 이제껏 없었다. 사실 일본 정부는 태평양전쟁 중에 그들이 점령한 아시아의 많은 나라들에서 자국 병사들이 저질렀던 성범죄를 기억하고 있었고, 미군들 역시 자기들처럼 행동할 것이라 믿고 불안해했다. 그래서 일본의 보통 여성들을 성범죄로부터 구할 의도로 합법적인 매춘을 조장한 것이다. 상대방도 자기처럼 행동할 것이라는 생각은 이 경우뿐 아니라 다른 수많은 관계들에서 반복된다.

— 달라서가 아니라 닮아서 괴로웠던 것 —

나 역시 수시로 이러한 경험을 한다. 그중 한 가지 이야기를 들려주고자 한다. 나는 10년 넘게 당뇨병으로 고생하고 있어서 되도록 단 음식을 자제하고 있다. 어느 학기엔가, 매 수업마다 초콜릿을 가져다주는 학생이 있었다. 나는 학생에게 당뇨병이 있다고 말한 뒤, 초콜릿을 먹지 않고 집으로 가져가거나 조교들에게 주었다. 그런데 학기가 끝날 무렵 그 학생이 나를 찾아와 항의하였다. "왜 교수님은 제가 드린 초콜릿을 안 드세요? 그렇게 제가 싫으세요?"라면서 말이다. 그 학생은 상대도 자기처럼 초콜릿을 좋아하고 잘 먹을 것이라고 생각한 것이다. 내가 건강을 위해 자제했다는 것을 전혀 알지 못했다. 자기 생각에만 몰두해서 다른 사람의 입장과 생각을 조금도 헤아리지 못했다.

학생은 '거울 생각'의 함정에 빠져 있었다. 거울을 보았을 때 그 속의 자기 모습을 추호도 의심하지 않는 것처럼, 상대가 자신과 같이 생각하고 행동할 것이라고 의식적, 무의식적으로 가정한 것이다. 거울 생각은 인지 함정의 일종으로 인간관계에서 흔히 볼 수 있다.

거울 생각의 함정은 특히 남녀 관계에서 '성격 차이'라는 모습으로 나타난다. 우리나라 부부의 이혼의 사유는 대부분 성격 차이라고 한다. 성격 차이로 헤어졌다고 말하면 주변 사람들은 "어쩔 수 없었겠네."라면서 위로하고 이해해 준다. 그런데 두 사람이 갈라선 것이 정말 성격 차이 때문일까?

서로 성격이 달라서 갈등이 생긴다고 말하는 부부를 깊이 살펴보면, 성격 차이가 크게 나지 않는다. 오히려 서로 유사한 부분이 많다. 겉으로 드러나는 성격은 다르지만 속에 감추어진 부분은 놀랍게도 같을 수 있다.

우리는 자신과 전혀 다른 사람보다 별로 차이가 없는 사람에게서 더 큰 분노와 실망을 느낀다. 한마디로 '성격 차이'란 성격이 달라서가 아니라 너무 비슷하기 때문에 생긴다.

이와 관련해 프로이트는 "작은 차이가 큰 차이보다 더 큰 적의와 분노를 야기한다."고 했다. 또 "남녀 관계는 적의의 원초적 형태"라고 하였다. 그런가 하면 프랑스 출신의 세계적인 인문학자 르네 지라르(René Girard)는 "서로가 닮았다고 반드시 화합하는 것이 아니다."고 하였다. 그들의 말처럼 유사성은 오히려 적의와 분노를 낳는다. 깊은 갈등은 언제나 이질적인 두 존재보다 가장 유사한 두 존재, 두 집단, 두 문화 사이에서 발생한다. 특히 닮은 부분이 많은 남녀의 갈등은 상대방도 나와 같을 것이라는 거울 생각의 함정에서 시작된다. 그리고 내가 생각하는 것을 상대방도 똑같이 생각할 것이라는 굳은 믿음이 깨졌을 때, 견딜 수 없는 실망감과 이해받지 못했다는 소외감에 빠지게 된다.

— 당신은 거울 함정에 빠져 있다 —

우리는 다른 사람이 나와 생각하는 방식이 다를 수 있다는 사실을 잊을 때가 많다. 특히 서로에게 호감을 갖고 사랑하고 있다고 믿는 남녀 관계에서 상대방의 생각을 이해하지 못해 어려움을 겪는 일이 많이 발생한다.

* * *

아내가 힘들어하거나 슬퍼할 때마다 남편은 자리를 피해 주었다. 남편은 자신이 힘들 때 혼자 시간을 보내는 편이었기 때문에 아내도 그럴 것이라 생각하고 아내를 배려해 준 것이다. 그러나 아내는 자기가 힘들 때마다 슬그머니 자리를 피하는 남편이 야속했고 소외감을 느꼈다. 그러던 어느 날, 눈물을 뚝뚝 흘리면서 "나를 사랑한다면서 어떻게 나에게 이렇게 행동을 할 수 있지요? 도저히 이해할 수가 없고 화가 나요."라고 말했다. 아내는 남편이 자기를 사랑한다면 힘든 마음을 알아주고 위로해 주고 함께 있어야 한다고 생각하고 있었다.

상대도 자신과 같은 생각을 하고 있을 것이라는 믿음은 수많은 실망과 갈등을 낳는다. 여기에 덧붙여 '나를 정말 사랑한다면 내가 생각하는 것처럼 그가 행동할 것'이라는 거울 생각의 함정은 남녀 관계를 전혀 생각지 못한 위험으로 빠트릴 수 있다.

존 그레이(John Gray)는 "우리는 사랑하는 사람에게 자기의 기대를 투사한다."고 말한다. 그에 따르면 우리는 상대방이 자신을 사랑한다면 어떤 특정한 방식으로 행동할 것이라는 가정을 갖고 있다. 그리고 그 '어떤 특정한 행동'은 자신이 마음속으로 정해 놓은 일정한 행동으로, 상대방도 자신이 생각하는 방식 그대로 행동하고 반응할 것이라고 믿는 것이다. 이런 생각은 안타깝게도 언제나 빗나가고 실망감을 안겨 주게 된다. 그레이는 두 남녀의 근본적인 갈등이 바로 여기서 발생한다고 보았다. 두 남녀는 상대방이 어떻게 생각하고 기대하는지 전혀 모른 채 자기들만의 방식으로 상대가 행동해 주기를 바라면서 더욱 갈등에 빠지게 된다는 것이다.

그러면 이 부부에게 부족한 것은 무엇이었고, 상처받은 아내에게 남편은 어떻게 반응했어야 했나? 부부에게 필요한 것은 '감정이입'이었다. 남편은 아내가 감정을 억누르거나 회피하도록 유도하기보다 아내의 감정을 공감해 주어야 했다. 거울 생각으로 인해 발생하는 갈등을 막을 수 있는 방법은 부부가 서로 적절하게 공감하는 것에 있다.

— 아내가 우는데 라디오 볼륨을 높인 남편 —

1990년대 신경생물학의 발전으로, 인간에게 상대방의 감정을 읽어낼 수 있는 특별한 능력이 있음이 발견되었다. 인간은 이 '거울신경세포' 덕분에 상대방이 실제 느끼는 것을 직감적으로 인지하여 상대방과 유사한 감정 상태를 가질 수 있다. 타인의 생각과 감정을 알아차릴 수 있는 능력, 즉 "나는 네가 느끼는 것을 느낀다."고 하는 공감 능력은 인간관계의 문제를 푸는 열쇠이다.

공감은 상대의 감정을 존중해 주는 것에서 시작된다. 성격 차이로 갈등을 겪는 남녀들에게는 공통된 특징이 있다. 바로 서로에게 공감을 하지 않고 있다는 것이다. 공감 받지 못한다고 느낄 때 두 사람은 분노하게 되고, 더욱 날카로워져서 서로를 공격하게 된다.

* * *

결혼 후 첫 명절을 맞은 새댁이 남편과 함께 시댁이 있는 지방으로 향했다. 보수적인 가풍을 유지하는 집안이었기에 새댁은 한복을 입고 명절 음식 준비를 도왔다. 아직 일이 많이 서툴렀지만 최선을 다했다. 명절 행사가 다 끝나고 서울로 올라가는 날, 새댁은 우연히 시어머니와 시누이가 대화하는 것을 엿들었다. "재는 왜 이렇게 일을 못하니?" "글쎄 말이에요, 엄마." 그 순간 새댁은 얼굴이 하얗게 질려 버렸다.

남편이 운전하는 차를 타고 서울로 돌아오는 길, 새댁은 밀려오는 슬픔을 참지 못하고 눈물을 터뜨렸다. 그러자 남편이 라디오의 볼륨을 확 높였다. 아내는 자기가 울고 있는데 위로는커녕 우는 소리 듣기 싫다고 라디오 소리를 높인 남편을 용서할 수 없었다. 화가 나서 당장 이혼하자고 소리를 질렀다. 남편은 화가 난 아내의 모습에 크게 놀랐다.

그 후 두 사람은 수없이 싸우고 갈등이 깊어져 지쳐 갔다.

남편이 아내를 사랑하지 않은 것은 아니었다. 아내가 감정적으로 폭발해서 울 때 어떻게 대응해야 하는지 남편은 몰랐다. 그는 언제나 감정을 억누르거나 회피하는 사람이었고, 아내도 자기처럼 하리라는 거울 생각의 함정에 빠져서 상대방의 생각과 의도를 파악하지 못한 것이다.

아내가 울음을 터뜨렸을 때 남편에게 필요했던 대응은 아내에게 감정이입을 하는 것이었다. 아내는 그저 자신의 괴로운 마음을 남편이 알아주기를 바랐기 때문이다. 그때 따뜻한 공감의 말 한마디만 해주었다면 더 바랄 게 없었다.

단, 눈치를 보는 것과 공감은 다르다. 눈치로 아내의 마음을 파악하고 그에 대응하는 것은 분명 한계가 있기 때문이다. 서로 얼굴만 보면 또는 말만 꺼내면 싸우는 부부는 성격이 안 맞아서가 아니다. 서로에게 자신을 변호하고 자기의 생각만을 내세우기 때문이다.

— 따뜻한 말 한마디 —

따뜻한 공감의 말 한마디는 상한 감정을 치유하는 능력이 있다. 말 한마디가 모든 것을 해결해 줄 수 있다. 그러나 그 한마디는 꼭 필요할 때 하지 않으면 자칫 깊은 상처와 실망과 분노를 유발할 수 있다.

가족 내 갈등과 문제의 해결은 가족들이 서로 공감하고 이해하도록 만드는 데 있다. 공감을 통해 우리는 가족들을 자기 안에서 비추어 보고 그들의 의도와 느낌을 감지할 수 있게 된다. 그렇게 서로의 감정을 공감하게 되면, 그동안 유지해 온 자기만의 시각과 입장에 변화가 온다. 나의 선입관을 통해 상대를 바라보지 않고 상대방이 느끼는 감정과 생각을 열린 마음으로 보게 된다.

다시 한 번 강조하자면, 공감을 통해 서로 다르다는 사실을 제대로 인식한다면 상대를 잘 이해할 수 있게 되고 오해를 하는 일도 줄어들게 될 것이다. 또 상대를 자신의 사고나 행동의 틀에 끼워 맞추는 거울 생각의 함정에서 벗어날 수 있다.

기억하자. 성격 차이에서 발생하는 수많은 갈등과 상처를 치유할 수 있는 도구는 '공감'이라는 것을!

가족을 지키려 했지만
가족 밖으로 쫓겨난 남자

아인슈타인은 "이 세상의 문제는 그것을 불러왔던 사고방식으로는 해결될 수 없다."고 말했다. 세상을 구원하는 것은 결국 '다른 사고'이다.

* * *

우리 가족은 일 년에 두 번 정도 부산으로 여행을 간다. 맛집도 가고 해운대를 산책하면서 많은 대화를 나눈다. 시원한 바다와 함께 바다 바로 옆에 조성된 도시가 주는 편리함 때문에 우리 부부는 해운대를 좋아한다.

아들이 초등학교에 들어가기 전 일이다. 해운대의 한 호텔 수영장에서 아들과 함께 수영을 하는데, 우리 근처에서 한 무리의 아이들이 수영 강습을 하고 있었다. 아들 녀석이 갑자기 물었다.

"아빠, 어떻게 재네들은 부산까지 와서 수영을 배워?"

나는 질문의 의도를 잠시 생각해야 했다. 당시 아들은 집 근처 수영장에서 수영을 배우고 있었다. 자신과 달리 저 아이들은 어떻게 서울에서 이곳까지 와서 수영 강습을 하는지 의아했던 것이다.

"쟤네들은 우리 동네에서 온 아이들이 아니라 이곳 부산에 사는 애들이야."

아들은 자기를 중심으로 생각하고 말할 뿐, 그 아이들이 부산에 산다는 것은 상상도 못했던 것이다. 아직 통합적인 사고가 발달되어 있지 않은 아이의 사고였다.

장 피아제(Jean Piaget)는 "열 살 미만의 아이들은 마술적 사고에 빠져 자기중심적으로 사고한다."고 하였다. 특히나 부모가 싸울 때 아이들은 엄마와 아빠 사이에 문제가 있어서 싸운다고 생각하지 못하고, 자기가 착하거나 예쁘지 않아서 또는 공부를 못해서라고 생각한다. 아이들은 자신의 주변에서 일어나는 모든 일을 자기와 결부해 생각하기 때문에 자기와 아무 상관없이 일어난 일도 스스로에게 책임을 돌리고 수치스러워한다. 그런 와중에 부모는 해소되지 않는 자신들의 감정을 자녀에게 투사하여 무차별한 잔소리와 냉혹한 비난을 가한다. 아이는 가족의 불행을 더욱더 자기 탓으로 돌리고 스스로 주눅이 들어, 자신의 존재에 대해 못마땅한 감정을 갖게 된다.

자존감, 말 그대로 자기 자신을 존중하고 사랑하는 마음은 다른 사람, 그중에서도 부모가 우리를 바라보는 방식과 우리가 자기 자신을 바라보는 방식에 따라 다른 모습, 다른 수준으로 형성된다. 다만 아이는 부모의 시각과 자신의 시각을 자기중심적으로 해석해서 왜곡하여 받아들일 가능성이 높다는 점에 주목해야 한다.

우리의 부모들은 우리가 성인이 된 후에 어린 시절 이야기를 하며 당시 많이 힘들었다고 하면 깜짝 놀라거나 이해할 수 없다는 반응을 보인다. 당시 일어난 사건을 보는 부모의 시선과 우리의 시선이 다르기 때문이다. 부모는 그 사건에 크게 의미 부여를 하지 않았지만 우리는 마음이 아프다 못해 시커멓게 멍이 들었던 것이다.

이처럼 아이의 자기중심적 시각은 자존감에 더 큰 상처를 입게 만든다. 자기심리학의 선구자인 코헛은 "오늘날 상담실을 방문하는 사람들의 대부분은 급변하는 세상에서 살아남느라 자존감에 상처를 입은 사람들"이라고 말한다. 우리는 상대에게 "예."라고 말하고는 스스로 지치고 "아니오."라고 말하고는 스스로 죄책감에 빠진다. 매일 매 순간 '주는 것'과 '받는 것' 사이에서 갈등한다. '자신보다 타인을 우선시하는 것'이나 '타인보다 자신을 우선시하는 것' 역시 갈등을 일으킨다. 더군다나 자존감에 손상을 입은 사람은 이러한 문제 때문에 심적으로 크게 갈등할 수 있다.

— 행복한 가족을 만들려다 나를 잃어버린 여자 —

* * *

낙엽 떨어지는 기분 좋은 어느 가을 날, 상담실을 찾아온 미경 씨는 그냥 보면 곱고 현명한 사십 대 주부이자 전문직 종사자였다. 그런데 미경 씨는 자리에 앉자마자 대뜸 남편과의 결혼이 자기 인생에서 자살골과도 같았고, 남편이 자기 인생의 천적이라고 했다.

그녀는 선으로 지금의 남편을 만났다. 처음 만난 날, 그녀는 남편이 별로 마음에 들지 않았다. 하지만 남편은 미경 씨가 맘에 들었는지 계속해서 데이트 신청에 애정 공세를 해 왔다. 그럴 때마다 그녀는 거절하였다. 남편은 아랑곳하지 않았다. 오히려 더욱 세게 애정 공세를 펼쳤다. 어느 순간 '내가 뭐기에 저 사람을 힘들게 할까?' 하는 생각이 들어 그녀는 그의 사랑을 받아들이고 결혼을 하였다.

하지만 결혼 생활은 순탄치 않았다. 남편은 힘들게 결혼한 것에 대해 복수라도 하듯 폭언과 정서적 학대를 하며 그녀를 괴롭혔다. 사랑 없이 한 결혼이었기에 그녀의 고통은 더 컸다.

돌아보면 미경 씨는 아주 어렸을 적부터 타인에 의해 이끌려 다니는 삶을 살았다. 아들을 낳지 못한 어머니의 불안감을 스펀지처럼 흡수했고, 그런 어머니를 지켜 주기 위해 무진 애를 썼다. 집안일도 열심히 도왔고 공부도 열심히 해서 외적으로 인정받는 사람이 되었다. 그녀는 "엄마의 욕구가 내 욕구가 되었고, 남편의 욕구가 내 욕구가 되었고, 시어머니의 욕구가 내 욕구가 되어 버렸어요."라고 말했다.

그녀는 사회적으로 성공한 전문직 여성이었다. 겉으로는 사회생활을 잘하고 있는 듯 보였지만 내면은 미숙한 사람이었다. 타인의 욕구에 대해서는 전문가 수준이었지만, 정작 자신의 욕구에 대해서는 미숙했다. 그것은 그녀가 자기의 감정과 욕구를 알아채지 못해서가 아니라 자기중심적 시각에서 자기를 보고 있기 때문이었다. 자신이 아들이 아닌 딸이라서 엄마의 인생을 힘들게 만들었고 엄마의 고통이 모두 자기 때문이라며 스스로를 수치스러워했던, 바로 그 시각으로 자신과 타인을 바라보았기 때문이었다.

성인이 되어서도 여전히 자기중심적으로 주변과 세상을 보는 사람들이 있다. 이런 사람들이 고통스러운 삶을 살고 있는 이유는 어린 시절의 자기중심적 시각을 건강하게 성장시키지 못한 데 있다. 어린 시절에 학대를 받은 사람은 그에 대한 기억과 생각으로 고통을 받는다. 그를 괴롭히는 학대의 환경이 더 이상 존재하지 않는데도, 그에 대한 생각들로 아침부터 밤까지 내내 고통을 당한다.

트라우마의 희생자들은 자기중심적 세계관을 갖고 있다. 그들은 왜곡된 시각을 통해 다른 사람들이나 사건을 바라본다. 불신으로 가득한 자신의 세계에 너무 익숙해져서, 여전히 믿을 수 없게 된 자신과 세상을 바라본다. 그 결과 그들의 눈에 비치는 세상은 늘 적대적이고, 위험하고, 불안하다. 이런 세상으로부터 자신을 보호하기 위해 그들은 트라우마를 경험했던 그 시점에서 만든 장벽을 더 두껍게, 더 높게, 더 단단하게 쌓는다. 그리고 마치 달팽이처럼 자기 안으로 들어가 웬만해서는 밖으로 나오지 않는다. 그렇게 스스로를 격리한 환경과 그로 인해 더 예민해지는 상황 때문에 수치심, 죄책감, 고통, 혼란, 우울, 불안, 피해망상에 빠질 수 있다.

— 가족을 지키려 했지만 가족 밖으로 쫓겨난 남자 —

* * *

민수 씨는 결혼 생활이 심각한 위기에 처했다며 나를 찾아왔다. 사춘기를 보내고 있는 두 아이와 아내가 자신을 마치 괴물 보듯 하고 있다고 했다.

그는 가족 안에서 몹시 외로운 처지에 놓여 있었다. 어린 시절도 충분히 외로웠는데, 지금도 여전히 외로운 것이 고통스럽다고 하였다. 나는 그의 가족들을 만나 그들의 이야기를 더 들어 보았다.

민수 씨는 부모의 이혼으로 보육원에서 자랐다. 누구의 도움도 받지 않고 아르바이트를 해 가며 혼자 힘으로 어렵게 대학을 졸업했고 대기업에 들어갔다. 남들 눈에는 평범한 가장으로 보였을 그이지만, 여기까지 올라오기 위해 그는 엄청나게 노력했고 외로운 시간을 보내야 했다. 그는 너무 어린 나이에 가난이 주는 불편함과 가족 없는 고통을 알았고, 자기가 살 수 있는 방법은 열심히 미래를 준비하는 것뿐이라 믿고 숨 가쁘게 달려 왔다.

문제는 그가 현재도 그렇게 살고 있다는 것이었다. 다른 회사원들에게는 일상일 수 있는 휴식이나 여행 등 작은 여유도 허락하지 않았고, 노년이 되면 경제적으로 쪼들릴지 모른다며 근검절약만 하려 하였다. 또 그것을 자기뿐 아니라 가족에게 강요하였다. 아내에게 용돈은 삼만 원 이상을 주지 않았고, 외식과 휴가는 상상할 수도 없는 일이었다.

민수 씨는 힘들었던 과거와 다가올 미래 두 세계만을 바라보고 있었다. 가난하고 고생스럽고 외로웠던 어린 시절만을 돌아보며 미래를 위해 현재를 희생하는 과거의 삶을 반복하게 된 것이다.

심지어 얼마 전에는 바나나를 딱 한 개만 사 와서 자기 혼자 먹어치웠다. 그 모습을 본 가족들의 불만은 폭발하였다.

많은 사람들이 과거의 일을 붙잡고 살며 앞으로 일어나지 않은 미래의 일을 걱정한다. 또한 자기중심적 사고로 인해 이러한 성향이 강화된다. 그러나 우리가 걱정하는 일 중 90퍼센트가 일어나지 않을 가능성이 크다. 따라서 우리는 불필요한 고통을 받지 않도록 스스로 우리의 시각을 감독하는 것이 필요하다.

정신적으로 건강한 사람은 균형 잡힌 시각 속에서 현재를 볼 수 있는 사람이다. 과거를 기억하고 미래를 준비하며 현재를 소중히 여기는 사람이다. 민수 씨처럼 자기중심적 사고에 사로잡힌 사람이 균형 있는 시각을 회복하기 위해서는 무엇보다도 '공감'이라는 치료제가 필요하다. 가족과 주변 사람들로부터 공감받고 위로받아야 자기 자신의 상처와 감정을 감싸 안을 수 있다. 그러면 자기중심적 사고에 대해 들여다볼 수 있는 마음의 여유가 생기고, 자신과 타인 간에 생각의 차이가 존재한다는 사실을 받아들일 수 있게 된다.

민수 씨의 변화는 "아내와 아이들이 그동안 힘들었겠네요."라는 말 한마디로 시작되었다. 그는 조금씩 자신이 살아온 방식과 아내와 아이들이 살아온 방식이 다를 수 있으며, 각자가 삶을 바라보는 시각이 다를 수 있다는 사실을 인식하기 시작하였다. 지금껏 유지해 온 자기중심적 시각을 완전히 버릴 수는 없었지만, 적어도 '차이'를 인정하면서 가족과의 화해를 시도하였다.

자상한 아빠?
알고 보면 불안감이 높은 아빠

만성적 불안을 가진 부모는 서로에게 또는 자녀에게 집착하고 불안한 감정을 투사한다. 또 자녀를 과보호하고 지나치게 통제할 뿐 아니라 부모와 같은 불안의 수준을 갖도록 강요한다.

* * *

사십 대 중반의 부부가 상담을 받으러 왔다. 아내는 우울증을 앓고 있는 데다 심리적으로 매우 위축되어 있고 매사에 무기력해 보였다. 남편은 그런 아내를 보는 것이 답답하였다. 가끔은 짜증이 나서 아내를 비난하기도 하였다. 그러면 아내는 더욱 자신감을 잃고 우울해하였다. 아내는 남편을 두려워했으며, 늘 불안감에 사로 잡혀 있었다.

상담을 통해 그녀의 어린 시절을 탐색할 수 있었다. 그녀는 자신을 임신했을 때 어머니가 꾼 태몽이 거머리가 어머니 다리에 붙어서 피를 빠는 장면이라고 하였다. 당시 그녀의 아버지는 외도 중이었다. 어머니는 아버지와 이혼을 하고 싶었지만 그녀를 잉태하는 바람에 할 수 없었다. 그녀의 어머니는 언제나 "너만 태어나지 않았어도 내 신세가 이렇게 되지는 않았을 텐데…."라며 딸을 원망하였고, 그녀는 그런 어머니에 대한 미안함과 존재의 수치심으로 최대한 몸을 낮추고 살아왔다.

결혼 후에도 그녀는 존재감을 드러내지 않고 숨죽이고 살았다. 남편에게 거머리 같은 존재가 되지 않는 것이 그녀의 최대 목표였다. 그녀는 내면에 큰 불안감을 안고 조마조마하며 살았다. 그것은 남편이 언젠가 자신을 버릴 것이라는 불안이었다.

— 자신의 불안을 자녀에게 전염시키는 부모 —

가족의 갈등은 다른 어떤 갈등보다 해결이 어렵다. 다양한 갈등 요인들이 복잡하게 꼬여 있어서 핵심 요인을 찾기가 쉽지 않기 때문이다. 그런데 앞에 나온 아내의 경우에는 마지막 지점에 불안이 있었다. 불안은 인간에게 있어 그 어떤 고난보다도 견디기 힘든 감정이다. 어쩌면 가족 갈등의 가장 큰 원인은 불안일지도 모른다.

가족 안에는 관계체계, 의사소통체계, 문화체계, 경제체계, 정서체계 등 다양한 체계가 존재한다. 그 가운데 정서체계는 이해하기 가장 어려운 체계이다. 우리의 정서체계가 사람에 따라 다르듯 가족의 정서체계도 가족마다 다르다. 위협이나 불안함을 느끼는 정도, 안정감을 느끼는 정도가 천차만별이다. 그리고 한 가족의 정서는 마치 한쪽 끝을 건드리면 전체가 흔들리는 모빌처럼 서로 긴밀하게 연결되어 있다.

사람은 누구나 공격을 당한다거나 위협을 느끼면 정서체계의 균형을 잃고 통제력을 상실할 수 있다. 심리학에서는 이러한 상태를 불안이라고 부른다. 불안은 우리의 생존에 필수적인 능력으로, 성공한 사람들 중에는 보통 사람보다 불안 지수가 높은 사람들이 많다. 어떤 과제를 수행할 때 남보다 더 치밀하게 준비할 수 있는 힘의 근원도 불안이다. 하지만 일상생활에서 막연하게 지속적으로 경험하는 불안은 문제가 된다. 불안은 자신이 통제할 수 없는 상황에서 어떤 일이 진행되는지 예측할 수 없을 때 발생하는 감정이다.

건강한 가족은 불안을 느끼는 강도가 낮아서 불안을 야기하는 상황을 비교적 잘 넘긴다. 반면에 불안을 느끼는 강도가 높은 가족은 불안을 야기하는 상황은 물론이고 평범한 일상 속에서도 불안을 느낀다. 이런 가족은 편집증적인 반응을 보이거나 서로가 서로를 공격함으로써 상처를 주고받는다. 불안을 야기하는 위협이 사실이든, 상상에서 비롯된 것이든 상관없이 항상 불안감에 휩싸여 별것 아닌 일도 부풀려 생각하고 부정적인 반응을 나타낸다.

일찍이 보웬은 "아이는 어머니와 연결되어 있는 어머니의 정서체계와 애착 관계를 갖는다."고 말했다. 어머니와 정서적으로 안정감 있게 연결되어 있을 때 아이는 그 안에서 안정감을 느낀다. 그러나 어머니가 불안한 정서체계를 형성하면 이것이 아이에게 전달되어 아이의 만성적인 불안을 유발할 수 있다.

만성적 불안을 가진 부모는 서로에게 또는 자녀에게 집착하고 불안한 감정을 투사한다. 또 자녀를 과보호하고 지나치게 통제할 뿐 아니라 부모와 같은 불안의 수준을 갖도록 강요한다.

— 자상한 아빠? 알고 보면 불안감이 높은 아빠 —

* * *

우리 집 근처에 있는 작은 공원을 가려면 큰길을 건너야 하는데, 차가 한적할 때는 가끔씩 신호를 어기고 달리는 자동차가 있다. 주말에 아들이 공원에 놀러 갈 때면 나는 염려가 되어 함께 집을 나서서 안전하게 큰길을 건너는 것을 지켜보았다. 사실 이것은 아들의 안전만을 위해서가 아니었다. 나 스스로 불안해하지 않기 위해 한 행동이었다. 오히려 아들은 "내가 어린애예요? 혼자 갈 수 있다고요." 하면서 싫은 티를 팍팍 냈다. 그럼에도 아들을 따라 나섰던 건, 자상한 아빠라서가 아니라 그저 불안감이 높은 아빠였기 때문이다.

우리의 일상에서 가능한 한 불안감을 느끼지 않으려고 노력한다. 자신의 불안을 덜기 위해 때로는 '사랑과 보호'라는 이름하에 부정적인 행동도 서슴지 않는다.

특히나 만성적인 불안을 가진 엄마와 아빠는 일상에서 자신의 불안을 가족들에게 투사한다. 자녀에게 집착하고 자신이 느끼는 불안감을 자녀에게 무의식적으로 심어 준다. 아이 또한 매사에 불안하게 만드는 것이다. 과보호하거나 지나친 통제를 시도하는 경우도 많다.

만성적인 불안감에 자녀들이 대응하는 방식은 두 가지다. 첫 번째는 부모의 불안에 순응하는 것이다. 부모가 자기를 사랑한다고 여기고 부모의 지나친 염려와 과보호를 받아들이며 부모의 불안감과 두려움을 자기 안에 내면화한다. 자녀는 부모와 건강하게 정서적인 분리를 할 수 없게 되고 부모와 공생 관계로 얽히며 부모와 같이 불안한 정서체계를 형성한다.

두 번째는 부모의 불안에 순응하다가 사춘기가 되면서 반발하고 이탈된 행동을 하는 것이다. 부모의 과보호에서 벗어나고 싶어 한다. 부모가 싫어서가 아니라 부모의 만성적인 불안과 두려움에서 달아나고 싶어 한다. 자녀의 이러한 변화에 부모는 더욱 불안해지고 공황상태에 빠진다. 그리고 자신들의 불안감을 통제하기 위해 더욱 자녀를 통제하려 한다. 자녀와 부모 사이에 극한 대결이 발생할 수 있다. 부모가 자녀 앞에서 자살을 시도하기도 하고, 자녀를 정신병원에 억지로 수감시키기도 한다. 자녀가 떠나가 버려서, 자기 안에 있는 만성화된 불안과 두려움에 고통당하느니 차라리 자녀의 파괴를 선택하는 것이다.

— 강한 척하는 남자 vs 냉정한 척하는 여자 —

보웬을 비롯한 많은 가족치료사들이 "불안은 우리의 내적인 상태뿐만 아니라 관계에 강력한 영향을 미친다."고 하였다. 특히 이해할 수 없는 과잉 대응과 과잉 보복으로 가족과 주변 사람들을 힘들게 하는 경우, 대부분 불안이 중요한 원인으로 작용한다. 화났다는 표시를 하기 위해 컵을 집어던지거나 밥상을 뒤엎고 던지는 남편, 남편이 자기를 떠날지도 모른다는 생각에 무조건적으로 복종하고 그러면서도 남편을 통제하고 의심하는 부부의 모습에서 우리는 신뢰의 문제가 아닌 불안을 보게 된다.

자카리 쇼어는 자신의 약점이나 나약함이 노출될 것을 두려워하는 것을 '노출 불안'이라고 불렀다. 노출 불안에 시달리는 남자는 자신감이 넘치는 척, 강한 척을 하면서 폭력, 폭언, 욕설을 자주 사용한다. 그런가 하면 노출 불안에 시달리는 여자는 냉정하고, 쌀쌀맞고, 차갑고, 강한 모습을 만들어 낸다. 그럼으로써 배우자와 자녀, 그리고 세상 사람들이 자기 내면의 만성적인 불안을 알아보지 못하도록 감춘다.

노출 불안의 비극은 자신이 결단력 있는 사람이라는 것을 보여 주려고 과도한 제스처를 하다가 결국 더 큰 불안을 야기한다는 것이다. 예를 들어 설명하면 다음과 같다. A는 상대방에게 계속 양보를 하다 보면 자기를 무르고 나약한 사람으로 볼 것이라고 생각하여 과도한 조치를 취한다. 이에 자극을 받은 B는 더 강력한 방법으로 보복을 한다. A는 앞에서와 같은 생각으로 더 강력하게 대응한다. 결국 A와 B는 극한 대립을 하게 된다.

그러나 안타깝게도 우리는 과민 반응을 일으키는 사람을 강하다고 생각하지 않는다. 오히려 자신의 결함을 인정하는 사람을 존경하고 신뢰한다.

— 불안을 연결하는 의미망 끊기 —

정서적으로 안정되어 있지 않거나 자신감이 없으면 불안은 더욱 증가하여 가족들에게 자기의 불안을 전염시킨다. 가족들은 아무 문제 없이 잘 지내기 위해서는 만성적인 불안에 동의해야 하고 불안은 가족 안에 내면화된다. 회복의 시작은 가족 내 불안을 가족 구성원들이 인식하고 자기 마음이 불안했다는 사실을 받아들이는 데 있다. 그리고 그들의 일상에서 불안을 야기하는 메커니즘을 밝혀내야 한다.

인지심리학자들은 "불안의 감정에는 일정한 '의미망'(semantic networks)이 있다."고 말한다. 서울에서 부산으로 가는 경부고속도로는 그 중간에 수많은 도로들이 연결되어 있다. 마찬가지로 불안을 유발시킨 결정적인 경험과 사건은 수많은 부정적인 기억과 연결되어 있다. 아내가 남편의 행동에 순간적으로 실망을 하게 되면 그러한 감정이 바로 두뇌의 의미망으로 연결되어, 하나의 나쁜 기억이 다른 나쁜 기억들을 생각나게 만들고 하나의 불안한 생각이 수십 개의 불안한 생각을 활성화한다. 우리는 최초에 느낀 하나의 불안이 힘든 것이 아니라, 수없이 연결되어 떠오르는 과거의 불안과 미래의 불안 때문에 힘든 것이다. 따라서 불안을 치료하고자 할 때는 불안의 의미망에 있는 부정적인 영상을 끊는 작업이 반드시 필요하다.

앞에서 언급한, 상담을 받으러 온 부부는 그동안 가족에게 고통을 주었던 것이 불안이었음을 인식하게 되었다. 아내는 자기가 거머리 같은 존재여서 언젠가 남편이 거머리 떼어 내듯 떼어 버리고 떠날까 봐 불안감에 사로잡혀 있다는 것을 알게 되었다. 나는 그녀에게 "어머니의 이혼을 가로막은 장본인이 여사님이었다 하더라도 그 덕에 가정은 깨어지지 않았고, 부모님의 결혼 생활은 많은 우여곡절이 있었지만 평생을 부부로 살았습니다. 여사님은 더 이상 거머리가 아닙니다. 엄마이자 아내로서 존재하며 여사님의 존재는 가족에게 너무나 중요합니다."라고 말해 주었다.

나는 그녀로 하여금 자신이 거머리라고 여겨지는 순간 그것과 의미망으로 연결되어 있는 다른 불안들을 떠올리도록 했고, 그중에서도 더욱 고통스러웠던 부분을 탐색하게 하였다. 그녀와 나는 불안의 의미망을 찾아내면서 부정적인 연상을 끊는 작업을 하였다. 과거의 거머리인 자신과 현재의 자신 사이에 있던 연결 고리를 끊었으며 과거의 거머리와 함께 연상되는 불안의 의미망을 분리했다. 그러면서 그녀의 정서체계에 차츰 안정감이 깃들기 시작했다.

우리 개인이 가진 정서체계와 가족의 정서체계는 모빌과 같아서 언제든 변화가 가능하다. 정서체계에 변화가 일어나 불안이 줄어들면 불안이 또 다른 불안을 자극하고 한 사람의 불안이 다른 사람에게 불안을 자극하던 악순환이 멈추면서 안정감이라는 소중한 가치를 갖게 된다.

"독립해라. 하지만 내 품을 떠나진 마라!"

"네가 원하는 삶을 살아라. 미래를 열심히 준비해서 너의 인생을 개척하고 결혼해서 독립해라. 하지만 나는 네가 독립하는 것을 허락하지 않을 것이다."

요즈음 사람들은 결혼식을 올리면 다들 해외로 신혼여행을 간다. 후배며 제자 들의 결혼이 다 그렇다.

이미 오래전에 결혼식을 올린 나는 제주도로 신혼여행을 다녀왔다. 신혼 첫날밤은 워커힐 호텔에서 보냈다. 아내가 첫날밤은 꼭 워커힐 호텔에서 자고 싶다고 했기 때문이다. 한강이 내려다보이는 방이었다. 친구들이 선물한 과일을 먹으면서 아내와 함께 서울 야경을 바라보던 기억이 난다.

제주도 신혼여행을 마치고 서울로 돌아오는 비행기 안에서 나는 참 많은 생각을 하였다. 드디어 결혼을 했구나 싶었고 앞으로 남편으로서, 가장으로서 무엇을 어떻게 해야 하는 건지 그저 막막하였다.

게다가 나는 아직 학생이었다. 하지만 독립된 나의 가정을 이루었다는 사실에 흥분이 되기도 하였다.

사실 막 결혼을 한 부부에게 '얼마나 안정된 직장을 가졌는가, 부모가 집을 사 주었는가'와 같은 현실적인 문제보다 더 중요한 것이 '부모로부터 정서적 독립과 분리를 제대로 하였는가'이다. 정서적 독립과 분리는 결혼 전에 이루어야 할 과제이며, 이것이 제대로 되었을 때 비로소 또 하나의 건강한 가족을 만들어 나갈 수 있다.

— 부모로부터 독립해야 하는 자녀 —

어미 새만큼 몸이 커진 아기 새는 둥지를 떠나야 한다. 둥지를 박차고 하늘로 힘차게 날아가는 아기 새는 이제 더 이상 누군가의 도움을 필요로 하는 아기 새가 아닌 당당한 어른 새로서 새 무리의 일원이 된다.

우리 인간에게도 '성장과 독립'이라는 중요한 과제가 있다. 한 사람의 인생에서 가족을 형성하기 위한 첫 단계를 자녀독립기라고 부른다. 성인이 되어 결혼하기 전까지의 단계로, 가족의 전체 발달 단계에서 가장 중요한 시기일 것이다. 가족은 자녀독립기–신혼기–부모기–중년기–자녀진수기–노년기의 단계로 발달한다. 여기서 가장 출발점에 놓인 것이 자녀독립기이다.

자녀독립기에서 제일 중요한 과제는 '정서적 독립과 분리'이다. 부모로부터 얼마나 정서적 분리를 이루어 내는가에 따라 그 후에 있을 발달 단계의 성공 여부가 결정된다. 보웬(Murray Bowen), 미누친(Salvador Minuchin), 헤일리(Jay Haley) 등 많은 가족치료사들이 "배우자보다 부모를 우선시하는 태도는 결혼을 파멸로 이끈다."고 주장한다. 결혼을 하면 그동안 충성하던 대상이 바뀌고 부모와의 관계도 달라져야 한다. 그러기 위해서는 먼저 부모로부터의 정서적 독립이 필요하다.

가족 안에서 정서적 독립과 분리를 이루어 가는 이십 대 젊은이들은 눈빛이 초롱초롱하다. 자기가 무엇을 원하는지, 그리고 이것을 얻기 위해 어떻게 해야 하는지 잘 알기 때문이다. 반면에 아직도 부모에 속한 삶을 살고 있는 이는 부모로부터의 분리와 독립을 위해 투쟁해야 한다.

— 자녀의 독립을 방해하는 부모 —

부모를 떠나지 않으려 하고 부모의 언저리를 어슬렁거리며 정서적으로 의존하는 사람들은 부모와의 애착 관계가 불안정하게 형성된 경우가 많다.

정서적 독립과 분리는 자녀만의 몫이 아니다. 부모가 도와주어야 한다. 자녀가 독립하는 것을 가장 힘들어하는 것은 아이러니하게도 부모이기 때문이다. 오히려 자녀는 다소 두려울지언정 새로운 세상에 대한 기대와 흥분으로 가득하다. 반면에 부모는 허전함과 아쉬움을 느낀다.

더욱이 우리나라의 부모-자녀 관계는 유독 끈끈한 애착을 보인다. 군대에 간 아들이 훈련 중에 어머니라고 부르며 눈물을 글썽이는 모습은 우리에게 익숙한 풍경이다. 하지만 어릴 때부터 자녀의 자립과 독립을 강조하는 독일 가정에서는 이러한 장면을 이해 못할 뿐 아니라 의문을 제기한다. "왜 저기서 '엄마'를 찾지요? 왜 울지요?" 하고 말이다. 한국 문화에서 보이는 부모와 자녀와의 강한 애착 관계는 양측 모두에게 친밀감, 연대감을 주지만, 반면에 아기 새의 정서적인 독립과 자립을 어렵게 만든다.

* * *

『잃어버린 시간을 찾아서』의 작가 마르셀 프루스트(Marcel Proust)는 어린 나이에 이미 어머니가 자신이 건강하고 튼튼하게 자라 독립하기보다 병약하고 의존적인 채로 남아 있기를 바란다는 것을 알아챘다. 성공한 의사를 남편으로 둔 어머니는 아들과 자기의 관계를 환자와 간호사 같은 관계로 만들려 했고, 아들은 엄마의 바람대로 병약하고 의존적인 삶을 살았다.

부모와 자녀가 지나치게 밀착된 의존 관계, 즉 공생 관계를 형성한 경우, 부모는 자녀를 손아귀에 꽉 쥐고서 놓아주지 않으려고 한다. 이러한 가족은 가족 구성원 간의 차이를 인정하지 않고 공생 관계에서의 이탈을 허용하지 않는다. 어머니는 아이를 양육하고 교육하는 과정에서 끈끈한 애착 관계를 형성하고, 그러한 관계를 통해 남편에 대한 실망과 분노를 달래 왔기에 자녀가 떠나가고 홀로 남게 되는 상황을 못 견뎌 한다.

자녀의 독립을 허용해 줄 마음이 없는 부모는 독립을 향한 몸부림을 '반항과 거부'로 받아들이고 더욱 억누르려 한다. 자연스럽게 둘 사이에 긴장과 갈등이 생긴다. 자녀 입장에서는 대단히 부담스러운 일이다. 자기가 하려는 일이 정당한 일인지를 자문하면서 죄책감과 불안을 느끼기 때문이다. 이 경우 부모에게 책임감과 애정을 많이 갖고 있는 자녀라면 당연히 부모로부터 벗어나지 못한다. 아버지가 일찍 세상을 떠나서 홀로 남은 어머니와 살았거나 부모가 가족을 위해 고생과 희생을 많이 했을 때 특히 그러하다.

부모는 대 놓고 자녀의 독립을 막지 않는다. 자녀에게 상반된 이중 메시지를 보내 방해한다.

"네가 원하는 삶을 살아라. 미래를 열심히 준비해서 너의 인생을 개척하고 결혼해서 독립해라. 하지만 나는 네가 독립하는 것을 허락하지 않을 것이다. 나의 품을 떠나지 말고 여전히 정서적으로 의존하고 있어야 한다."

자녀는 이중 구속의 의사소통에 고통을 당하게 된다.

부모라면 누구나 자녀의 성공을 원한다. 멋지게 독립해서 자기 인생을 개척하는 자녀의 모습을 보고 싶지 않은 부모는 없다. 그러나 자녀의 정서적 독립을 받아들일 준비가 되어 있지 않다. 자녀가 유년기 때처럼 자신에게 밀착해 있기를 또 의존하기를 바란다. 자녀는 독립하라는 언어적 메시지를 선택해야 할지, 떠나지 말라는 비언어적 메시지를 선택해야 할지 갈등에 빠지게 된다.

부부관계에 문제가 있는 부모는 자녀에게 이러한 의사소통 방법을 더 강하게 사용한다. 자녀가 독립하지 못하게 될까 두려워하면서도 독립과 분리를 시도하면 "정이 없고 이기적이고 자기밖에 모른다."고 야단치거나 비난한다. 그래서 자녀가 죄책감을 느끼고 독립과 분리를 이루려는 노력을 포기하면 다시 불안해져서 "왜 독립하지 못하느냐."고 추궁한다. 그러는 사이 자녀는 자기가 가진 에너지를 사용하지 못하고 자포자기하고 무기력해진다.

상담을 하면서 실제로 이런 상황에 처한 사람을 만났는데, 그는 무엇이 자신을 힘들게 하는지조차 모른 채 자기를 비하하고 자책하는 모습을 보였다. 스스로를 수치스러워했을 뿐 아니라 부모 얘기가 나오면 애정과 함께 알 수 없는 분노, 원망, 적개심 등이 뒤섞인 말을 하였다.

이렇게 뒤범벅이 된 감정은 개미귀신의 함정에 빠진 개미처럼 그를 고통의 악순환에 처하게 했다. 그리고 독립을 하여 미래의 직업적 정체성을 발전시킬 시간과 에너지를 허비하게 만들었다. 아무런 성과 없이 청년기를 보내고 나면 그는 분명 아무것도 이루지 못한 자신을 수치스러워하게 될 것이다. 자신을 바라보는 부모의 따가운 시선, 한심한 자신의 모습에 절망하고 방황하며 충동적이고 불안한 시간을 보낼 것이다.

이러한 처지에 있는 이십 대의 젊은이들을 나는 상당히 보아 왔다. 세상으로 나아가 날개를 펼쳐 보지도 못하고 좌절과 고통을 경험하는 그들을 보는 것은 대단히 가슴 아픈 일이다.

— 용기와 믿음이 필요하다 —

부모는 자신의 젊은 시절을 돌아보면서, '자립'이라는 인생의 숙제를 눈앞에 두고 있는 자녀의 입장을 생각해 보고 공감해 주어야 한다. 자녀의 독립과 분리를 불안하게 바라보는 것은 자녀가 아니라 부모 자신의 문제임을 직시해야 한다.

하지만 자녀의 정서적 독립과 분리를 가로막는 부모는 어떤 이유를 붙여서라도 자기의 행동을 정당화하려 한다. 부모가 잊지 말아야 할 것이 있다. 자녀가 부모로부터의 정서적 독립과 분리를 포기하면 자기의 인생을 개척해 나갈 수도, 당당한 사회의 한 일원으로 살아갈 수도 없다는 사실이다. 둥지를 떠나지 못하는 아기 새는 영원히 아기 새로 남게 된다.

부모에게 과도하게 의존하는 사람의 내면에는 자기 자신에 대한 불신과 자신감 결핍이 자리해 있다. 독립은 당연히 두려움과 혼란을 야기한다. 하지만 독립한다고 해서 부모를 잃는 것은 아니다. 성인이 된 자녀는 부모와 가까워지기 위해 오히려 부모와 일정한 거리를 두는 것이 필요하다. 지나치게 가까이 있으면 상대방을 있는 그대로 보기 어렵고 자기가 바라는 모습으로만 보려 하기 때문에, 여기서부터 애증과 혼란이 발생하고 부모를 원망하는 자녀가 된다.

에리히 프롬은 "독립적인 삶을 살기 위해 용기와 믿음이 필요하다."고 말한다. 자기 자신을 향한 용기와 믿음은 한 걸음씩 부모 또는 기존의 의존 관계에서 걸어 나올 수 있게 해 준다. 이때 자기 내면에서 올라오는 불안감을 극복하기 위한 노력은 비록 서투를지라도 둥지를 벗어나기 위한 워밍업이 될 수 있다. 기억하자. 둥지를 벗어나기 위해서는 어미 새의 도움이 필요하지만 결정적인 날갯짓은 본인의 몫이라는 것을.

3부

“가족의 발견”

우리가 가족 안에서 경험하는 상처가 더 아프게 다가오는 것은 그 고통의 실체를 제대로 파악하기 어렵기 때문이다. 사회생활에서 누군가와 갈등이 생기고 적대 관계를 맺게 되면 상대는 적이 된다. 이런 경우 나를 힘들게 하는 고통의 실체는 분명하다. 그러나 가족 안에서 힘들 때는 과연 무엇이 이토록 나를 힘들게 하는지 그 실체를 찾는 것이 힘들다. 우리가 누군가를 미워만 하는 것은 힘든 일이 아니다. 그를 나의 원수로 여기고 내 인생에서 삭제하면 된다. 그러나 내가 미워하는 사람이 실제로는 내가 가장 사랑하는 사람일 때 고통의 원인을 파악하기 어렵다.

가족이 가족에게 그림자를 투사하다

자녀에게 부모가 줄 수 있는 최고의 선물 중 하나는 부모의 그림자를 넘겨주지 않는 것이다. 그런데 부모가 넘겨주지 않으려고 의도적으로 애쓰는 것은 아무 소용이 없다. 부모의 그림자는 무의식적으로 전이되기 때문이다.

* * *

독일 유학 당시 6주 동안 매일 8시간씩 이루어지는 집단 상담 과정에 참여한 적이 있다. 몸과 마음을 지치게 하는 강행군으로, 엄청난 에너지가 필요했다. 게다가 부족한 독일어 실력에 대한 불안과 긴장감이 나를 훨씬 빨리 지치게 했다.

그 과정을 모두 마쳤을 때 나는 큰일을 해냈다는 뿌듯함을 느꼈다. 그런데 그날 저녁 아내가 나에게 잔소리를 하였다.(뭐라 했는지 내용은 잘 기억이 안 난다. 사소한 일이었던 것만은 분명하다.) 그 순간 나는 참지 못하고 엄청난 분노를 터뜨렸다.

집단 상담 과정 중에 쌓인 내 그림자를 제어하지 못하고 애꿎은 아내에게 그것을 내려놓았던 것이다. 너무나 서툴고 어리석은 방식이었지만, 어쨌든 내 내면에 있는 시소의 균형은 이루어졌다. 그러나 그 당시 임신까지 하고 있던 아내에게는 영원히 잊지 못할 깊은 상처가 되어 버렸다.

— 무의식적으로 전달되는 부모의 그림자 —

그림자를 남에게 전가하는 경우의 수 중에서 최악은 부모가 자녀에게 그림자를 짊어지게 하는 경우이다. 헬링어는 "자녀는 부모가 이루지 못한 소망과 욕구를 자신의 것으로 받아들여 살아갈 수 있다."고 하였다. 부모가 의도하지 않았지만 부모의 어두운 부분을 자녀가 끌어안고 살 수 있다는 말이다.

* * *

지난겨울 호주에서 강연 의뢰가 들어왔다. 당시 초등학교 5학년이었던 아들 녀석을 호주에서 한 달간 어학연수를 받게 할 계획이어서 호주에 다녀오려 했는데, 겸사겸사 강연도 하기로 하였다. 그러나 함께 출발하지는 못했다. 아들이 혼자서 먼저 비행기를 타게 되었다.

아이는 비행기를 혼자 타는 설렘과 긴장감 속에서도 호주에 가서 읽을 책을 몇 권 챙겼다. 그런데 그중에 내가 출장 때나 외국 여행 때마다 읽는 칼 융의 자서전이 끼어 있었다. 초등학생 아들이 읽기에는 너무 어려운 책이었다. 그래서 그 책은 빼놓고 가는 게 어떻겠냐고 말하려 했는데, 먼저 "호주에 가서 이 책을 다 읽고 융을 연구해 보고 싫어졌어요."라고 하는 게 아닌가.

요 몇 년 동안 나는 융 심리학에 매료되어 연구 시간의 대부분을 융에 쏟고 있었다. 아이는 아빠의 그 모든 행동을 지켜보았던 것이다. 나는 아들의 행동을 지켜보다가, 나중에 조심스레 그 책을 가방에서 뺐다. 내 입장에선 그런 책 말고, 공부나 열심히 했으면 싶었다.

자녀는 부모의 바람과 욕망을 알고 있다. 부모의 좌절된 욕구와 꿈 역시 알고 있다. 부모가 말로 이야기하지 않아도 전달이 된다. 부모가 자신의 그림자를 해소하지 않고 살아간다면 부모를 대신해 자녀가 그것을 해소하려 할 수 있다.

오래전에 아파트에서 몸을 던져 자살 시도를 한 여중생을 상담한 적이 있다. 여중생의 자살 이유는 쉬이 드러나지 않았다. 그런데 상담을 계속 진행하다 보니, 그 여중생의 아버지가 자살을 하려 한다는 것을 알게 되었다. 여중생은 아버지의 자살 욕구를 무의식적으로 알아챘고, 자신의 자살로써 아버지의 자살을 막으려 했던 것이었다.

— 잘못된 그림자 투사는 문제아를 낳는다 —

노벨문학상을 받은 세계적인 작가 토마스 만(Thomas Mann)은 섬세하고 우아한 감성과 정신을 지녔던 아버지의 못 다한 꿈을 이루어야 할 사명을 부여받았다. 그는 동성애를 향한 강한 열망, 죽음에 대한 충동의 그림자를 문학으로 승화시켜 아버지가 그토록 원했던 위대한 작가가 되었다.

그러나 그에 대한 대가는 아주 컸다. 동성애와 죽음의 그림자가 토마스 만의 두 아들에게 전이된 것이다. 토마스 만의 동성애에 대한 열망은 아들 클라우스에게서 실현되었고, 죽음에 대한 소망은 클라우스와 미카엘 모두의 자살로 실현되었다.

이처럼 한 세대에서 다음 세대로 옮겨 가는 그림자의 힘은 어마어마하다. 자녀가 부모의 그림자에 질식당하지 않고 나름 극복하고 살았다 하더라도, 그 자녀의 다음 세대는 더욱 강력해진 그림자에 희생당할 수 있다. 우리는 모두 이런 그림자 투사에서 자유롭지 못하다.

미국 사회의 P.K. 문제 역시 부모 자녀 간 그림자 투사로 설명할 수 있다. P.K.란 미국 사회에서 대표적인 문제아로 낙인찍힌 '경찰관의 자녀'(police's kid)와 '목사의 자녀'(pastor's kid)를 말한다. P.K.는 자아의 인격에 맞게 살도록 내몰린 아이들이다. 그림자는 무조건 외면하면서 살도록 내몰린 아이들이다. 한국 사회에서는 이 둘에 '교육자의 자녀'를 보탤 수 있을 것이다.

P.K.는 다른 사람들에게 모범을 보이며 올바르게 살도록 어릴 때부터 가정에서 요구받는다. 그러나 앞에서도 이야기했듯, 지나친 자아의 확대는 오히려 그림자의 인격이 커지도록 하여 모범생만이 아닌 심각한 문제아를 만들어 낼 수 있다. 문제아는 그 가족의 그림자 투사의 희생양인 셈이다.

자녀에게 부모가 줄 수 있는 최고의 선물 중 하나는 부모의 그림자를 넘겨주지 않는 것이다. 그런데 부모가 넘겨주지 않으려고 의도적으로 애쓰는 것은 아무 소용이 없다. 부모의 그림자는 무의식적으로 전이되기 때문이다. 그림자를 자녀에게 투사하지 않을 수 있는 가장 좋은 방법은, 부모 스스로 균형 잡힌 삶을 사는 것이다. 하지만 이미 그림자 투사가 일어나고 있다면 어떻게 해야 할까?

— 과도한 과제를 내 놓고 아이를 혼내는 아빠 —

* * *

언젠가 사십 대 주부가 남편과 자녀 사이에 문제가 있다며 상담실을 찾아왔다.

그녀의 이야기는 사춘기에 있는 고등학교 1학년 아들이 아버지에 대한 분노로 가출을 하고, 딸 역시 이미 여러 번의 가출을 시도했으며 고등학교 3학년인 지금은 "대학에 들어가면 영원히 집을 떠나겠다."고 공언한 데서부터 시작되었다. 그런데 문제는 두 아이가 아닌 남편에게 있었다.

그녀의 남편은 과거 대기업을 다녔으나 뜻하지 않게 발생한 불미스러운 사건에 휘말려 퇴사를 하였다. 퇴사 전까지 그는 소위 잘나가는 사람이었다. 직장에서 승승장구하면서 미래에 대한 자신감이 넘쳤다. 그러나 퇴사 후에는 재취업에도 실패하고 집에서 겨우 아이들의 공부를 도왔다. 명문대 출신이었기에 비싼 돈 들여 아이들을 학원 보내는 것보다 더 나을 거라 여겼기 때문이다.

그런데 남편이 아이들의 공부를 봐주면서부터 가족에 갈등이 생겨났다. 그의 내면에는 온당하지 않은 이유로 퇴사해야 했던 데에 대한 억울함과 분노, 잘나가던 시절에 대한 그리움과 좌절이 가득하였다. 그는 그 그림자들을 무의식적으로 자녀들에게 투사하였던 것이다.

그는 자녀들에게 매일 과제를 내고 이것을 검사하고 잘못 푼 문제를 지도하였다. 다만, 자녀들이 아무리 노력해도 다 할 수 없는 양의 과제를 냈다. 아이들은 최선을 다했지만 도저히 과제를 마칠 수 없었고 그때마다 아버지의 불호령이 떨어졌다. 부당하다고 말대답이라도 할라치면 그날은 아버지에게 단단히 혼나는 날이 되었다. 그는 아이들을 훈육한다고 하면서, 자기 안에 쌓여 있던 그림자들을 마구 퍼부었고 아이들은 그림자 투사의 희생양이 되었던 것이다.

나는 그녀에게 남편과 자녀들의 싸움은 그림자의 투사에 의해 일어났다는 사실을 알렸고, 투사에 넘어가지 말 것을 조언하였다. 그러면서 가족이 가족에게 내면의 그림자를 투사하려 하고, 회사에서는 직원들끼리 서로 투사하려 하는 모든 시도로부터 벗어나는 "아! 그래요?" 전략을 구사할 것을 권했다.

— 투사의 덫에서 벗어나는 '아! 그래요?' 전략 —

융 심리학자인 로버트 존슨(Robert A. Johnson)은 그림자 투사를 막기 위한 방법을 설명하면서 다음과 같은 이야기를 들려주었다.

* * *

일본의 작은 어촌 마을에서 사춘기 소녀가 임신을 하였다. 마을사람들은 행실이 나쁜 소녀라고 손가락질하면서 아이의 아버지를 캐물었다. 결국 소녀는 아이의 아버지의 이름을 댔다. 그 마을 신부의 이름이었다. 마을 사람들은 흥분해서 성당으로 몰려가서 따졌다. 신부의 반응은 "아! 그래요?"였다.

얼마 후 소녀의 남자 친구가 밝혀졌고, 그녀가 남자 친구를 보호하기 위해 거짓말을 했음이 드러났다. 마을 사람들은 다시 성당으로 몰려가서 이번에는 사죄를 하였다. 이번에도 신부의 반응은 "아! 그래요?"였다.

이 이야기는 마을 사람들의 그림자 투사에 대해 신부가 얼마나 현명하게 대응했는지 보여 준다. 신부가 마을 사람들에게 자기의 무고를 호소했다 해도, 사람들은 분명히 변명으로 여기고 더욱 거세게 비난했을 것이다. 신부는 어떠한 변명도, 항의도 하지 않고 강력한 투사에 대응하지 않았다. 마찬가지로 마을 사람들이 자기들의 투사를 거두려고 돌아왔을 때도 여전히 반응을 보여 주지 않음으로써 자기 자신을 지켰다.

우리는 투사를 받았을 때 감정적으로 휘말리게 된다. 투사는 기본적으로 강렬한 감정을 동반한다. 이에 맞서 자신을 변호하거나 설명하려고 애를 쓰다 자칫 감정적으로 대응하게 되면, 상대방은 투사의 방아쇠를 당기게 될 뿐 아니라 자신의 투사에 정당성을 부여하게 된다. 결국 양측 모두 투사의 희생물이 되는 꼴이다.

부당하고 억울한 상황 속에서 "아! 그래요?"라고 말함으로써 상대방이 던진 투사의 덫에 걸려들지 않고 적당한 경계를 유지하며 자기를 지킬 수 있는 기술을 체득할 수 있도록 하자. 우리의 가족 안에서 발생하는 이유를 알 수 없는 분노와 적개심, 원망, 하소연, 비아냥거리기, 시비 걸기 등 부정적인 감정의 폭발을 마주하는 순간에 "아! 그래요?"라고 말할 수 있는 훈련이 필요하다.

아들이 아버지를, 딸이 어머니를 모방하다

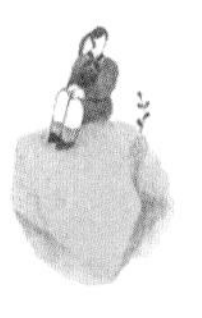

우리는 우리와 다른 사람보다는 우리와 비슷한 사람과 더 많이 갈등하고 경쟁한다. 내가 어떤 사람들과 경쟁하고 갈등하는지 돌아보면 내 자신이 어떤 사람인지 좀 더 명확히 알 수 있다.

* * *

이십 대 후반의 미혼 여성 정은 씨는 월급을 모아서 언제나 여행에 투자를 한다. 어렵게 들어간 직장을 장기 여행을 위해 그만두기도 하였다.

그녀의 어머니는 홀어머니를 둔 외아들과 결혼하여 시어머니와 남편을 모시며 숨죽이고 살았다. 꼬장꼬장한 시어머니와 가부장적인 남편을 모시며 인내하고 희생하는 삶을 살았다. 언젠가 한번은 서울에서 자취하고 있는 딸 집에 며칠 다녀오겠다고 했다가 두 사람 모두에게 크게 혼이 나기도 하였다. 어디 여자가 식사 준비를 안 하고 딸 집에 가 있느냐는 것이었다. 그래도 모처럼 마음을 크게 먹은지라 버티고 싸우다 결국 시어머니, 남편과 함께 가는 것으로 타협을 봤을 정도였다. 이렇게 끊임없이 어머니의 희생을 요구하는 가정에서 자란 정은 씨는 어머니에게 남몰래 죄책감을 갖게 되었다.

정은 씨는 대학생이 되자마자 아르바이트를 시작했고 돈을 모아 넉 달 동안 해외여행을 갔다. 아버지의 엄청난 반대를 무릅쓰고 떠난 여행이었지만, 그녀는 커다란 해방감을 맛보았다. 자유를 느끼고 살아 있음을 느꼈다.

자유에 대한 정은 씨의 갈망은, 사실 그녀 자신의 욕망이기보다 엄마의 욕망이었다. 딸은 가부장적인 가정 분위기에서 꼼짝 못하는 엄마의 욕망을 읽었고, 그것을 자기의 욕망에 편입하여 실천하였던 것이다.

— "아니요"를 입에 달고 사는 삐딱한 청년 —

가족상담의 대표적인 전제는 "자녀가 겪고 있는 문제는 가족 안에서 일어나는 갈등과 관련이 있다."이다. 자녀는 부모의 결혼 생활이 붕괴되는 것을 막기 위해 스스로 희생하기도 한다.

가족치료사 엘런 왁텔(Ellen F. Wachtel)은 "자녀는 부모가 투사하고 왜곡하는 것들을 받아 주는 그릇이다."라고 말했다. 부모는 자신과 자녀를 동일시하여 자녀에게 감정과 욕망을 투사하고, 부모가 억눌러 왔던 감정과 욕망은 자녀에게서 실현된다. 자녀 입장에선 부당하고 억울한 일이다.

어린 시절부터 오랫동안 이런 역할을 하면서, 몹시 힘들지만 자신이 무엇 때문에 힘든지 모르고 살아온 사람들이 있다. 이들은 자신이 부모의 투사를 위한 그릇이었다는 사실을 알게 되면 허탈감과 분노를 느낀다. 하지만 여기서 놓치고 있는 것이 하나 더 있다. 그런 그들도 자기의 자녀에게 무의식적으로 투사를 하고 있다는 사실이다.

* * *

스물세 살 대학생 수철 씨는 부모에게 끌려오다시피 상담실에 왔다. 그는 공부를 전혀 하지 않고 매일 유흥에 시간을 낭비하고 있을 뿐 아니라 학교마저 가지 않아 학사 경고를 받은 상태였다.

수철 씨는 어릴 때부터 "아니요."를 입에 달고 살 정도로 매사를 거부하면서 자기가 원하는 대로 살아왔다. 20여 년을 언제나 삐딱하게, 절대로 체제에 순종하지 않는 삶을 살아온 것이다.

그런데 그의 아버지의 삶은 그와 정반대였다. 아버지는 의사가 되지 못한 좌절과 열등감을 아들에게 투사하는 할아버지로부터 엄청난 스트레스를 받고 자랐다. 할아버지의 소망대로 아버지는 모범생으로 성장하였다. 조종사가 되어 자유롭게 세상을 돌아다니고 싶었지만 할아버지의 반대로 뜻을 이루지 못하였다. 결국 의사가 되었지만 역시나 늘 자기의 일에 만족하지 못했고 의사라는 직업을 죽을 만큼 싫어하였다. 그래서 자식들에게는 절대로 의사가 되지 말라고 말하곤 하였다.

자유를 박탈당한 채 순종적으로 살아온 아버지와 자유롭다 못해 제멋대로 살고 있는 아들 사이에는 공통분모가 있었다. 그것은 '자유'였다. 아버지는 자유에 대한 열망을 무의식적으로 아들에게 투사하였고, 아들은 그런 아버지의 열망을 자기의 것으로 받아들여 늘 삐딱하게 살아온 것이다.

상담을 통해 수철 씨는 자신이 단순히 삐딱한 것이 아니라 아버지의 무의식적 욕망을 실천하고 있었다는 사실을 알고 큰 충격을 받았다. 또 아버지도 할아버지의 욕망을 자기 안에 받아들였다는 사실을 알게 되면서 아버지에 대해 진심으로 안타까워했다. 그러면서 수철 씨에게 변화가 찾아왔다.

— 아들이 아버지를, 딸이 어머니를 모방한다 —

자녀가 부모의 욕망을 무의식적으로 받아들여 자기 것으로 삼고 실현하려는 행동을, 프랑스의 정신분석가 라캉은 "자녀는 모방 욕구를 통해 부모의 욕망을 모방한다."라는 말로 설명하였다. 부모의 욕망, 특히 이루지 못한 욕망은 대단히 강력한 투사의 에너지를 갖게 되고, 자녀는 그 희생양이 되어 무의식적으로 미션을 수행한다.

르네 지라르는 "인간의 욕망 자체가 모방하는 경향을 가지며, 사람들의 욕망 하나하나는 주변 사람들의 욕망을 모방하면서 펼쳐진다."고 말한다. 누구나 주변 사람들이 하고 있는 일뿐만 아니라 그들이 하는 행동이나 말투, 사고방식 등 모든 것을 모방하면서 살아간다. 그런데 아들은 어머니를 모방하지 않는다. 아들이 모방하는 것은 아버지이고 아버지의 욕망을 모방한다.

그런데 모방에는 갈등이 내재되어 있다. 아버지와 아들은 서로를 모방하기에 서로 닮아 가고 이러한 유사성이 갈등을 야기하는 것이다. 유사성은 동질감을 주기도 하지만, 다른 한편으로 '모방적 경쟁 관계'를 발생시킨다. 쉽게 말해 우리는 우리와 다른 사람보다는 우리와 비슷한 사람과 더 많이 갈등하고 경쟁한다. 일례로 회사나 교회 등 집단 내에서 나와 긴장 관계 또는 갈등 관계를 형성하는 사람을 찾아보면, 나와 거리가 먼 사람이 아니라 나와 가까운 사람임을 알 수 있다. 내가 어떤 사람들과 경쟁하고 갈등하는지 돌아보면 내 자신이 어떤 사람인지 좀 더 명확히 알 수 있다.

— 대단한 아버지를 둔 아들은 과연 행복할까? —

부모의 욕망을 모방한 정은 씨나 수철 씨는 자신들이 모방하고 있는 대상인 부모와 애증 관계를 형성하고 있었다. 정은 씨는 어머니를 사랑하고 안타까워하는 한편 어머니의 많은 행동이 짜증스럽고 답답했다. 수철 씨는 아버지에게 반항하고 거부하면서 살아왔지만 마음 속으로는 깊은 연민을 느끼고 있었다. 그와 동시에 아버지에게 깊은 열등감을 갖고 있었고, 그것이 아버지에 대한 반항과 거부감을 증폭시켰다.

* * *

경남 마산에서 고등학교를 졸업한 나의 아버지는 원래 부산교대를 가려 했었다. 하지만 이런저런 이유 때문에 교사의 꿈을 접고 서울로 올라와 폭풍우 같은 젊은 시절을 보내야 했다. 우리 집안에 교육자가 한 사람도 없었지만, 내가 어릴 때부터 막연히 교수를 꿈꾸었던 이유가 여기에 있었다. 아버지의 욕망을 모방했던 것이다.

얼마 전에 부산에 내려갔다가 우연히 부산교대 앞을 지나갔는데, 그냥 스쳐 가는 것뿐인데도 나는 알 수 없는 서글픔을 느꼈다. 아버지가 꿈을 이루고 교사가 되었다면 나의 인생은 어떻게 되었을까? 한발 더 나아가 아버지가 대학교수가 되었다면 어땠을까? 어쩌면 나는 커다란 부담감을 안고 살았을지도 모른다. 내가 모방하고 있지만 동시에 경쟁해야 하는 아버지가 만약 넘기 어려운 거대한 산 같은 존재였다면 나는 지금의 내가 될 수 있었을까? 아버지가 이루지 못한 꿈을 이룬 나에게, 아버지는 대견함과 함께 자랑스러운 마음을 갖고 있다. 그리고 그것은 나에게 편안함과 자부심을 느끼게 해 주었다.

인생은 어떤 의미에서 참 공정한 것 같다. 누구나 부러워하는 대단한 아버지를 둔 아들은 생각만큼 행복하지도, 기쁘지도 않을 수 있다. 자신이 닮고 싶은 대상이 경쟁조차 하기 어려운 대단한 사람일 경우에는 깊은 절망감과 열등감에 빠질 수 있다. 반면에 평범한 삶을 살아온 아버지를 둔 아들은 그만큼 아버지에게 자부심과 자랑스러운 존재가 될 가능성이 높다. 어느 쪽을 선택하고 싶은가?

— 가업을 잇는 사람들의 내면이 평온한 이유 —

가업을 이어받은 사람들은 다른 사람들보다 훨씬 내면이 편하다. 물론 자기가 진정으로 원해서 가업을 이어받았을 때 얘기다. 할아버지에서 아버지로 이어진 연대 의식은 모방의 욕망과 경쟁의 욕망에 사이에 균형을 이루어 내고 이것이 심적으로 편안한 상태를 만들 수 있기 때문이다. 비록 세상 사람들에게 존경을 받는 가업이 아니라고 하더라도 그들에게는 마음 깊은 곳에서 올라오는 긍지와 자부심이 있다.

오늘날 가업을 이어 갈 수 있는 사람은 현실적으로 많지 않다. 하지만 가업을 이어받지 않아도 부모와의 깊은 연대 의식은 발전시킬 수 있다. 그러기 위해 부모는 자녀가 '투사의 그릇'에서 벗어나게 해 주어야 한다. 부모의 투사는 너무나 강력해서 자녀 혼자 힘으로 벗어나기란 대단히 힘들기 때문이다. 그 반작용으로 나타나는 부정적 반응이 '도망'이다. 자녀가 부모에게서 벗어나려고 안간힘을 쓰면 쓸수록, 이러한 과정은 양측 모두에게 너무 많은 에너지를 소모시키기에 둘 다 지치게 된다.

부모와 자녀 간 연대 의식은 자신들의 삶에서 공통분모를 발견하고 통합과 수용을 할 때 성장한다.

몇 년 전에 내 아들 녀석이 엄마와 아빠처럼 교수가 되고 싶다고 말한 적이 있다. 그전까지 아들의 장래 희망은 문방구 사장이었다.

그런데 공부를 안 해도 너무 안 한다. 공부 잘하는 자녀를 두고 있는 제자에게 하소연을 했더니, "교수님, 모방 욕구네요?"라며 껄껄 웃었다. "아, 그러면 안 되는데…."

가끔은 정신없이 연구하고 일하는 내 오랜 습성을 조금 내려놓고, 게으름을 피우고 싶고 놀고 싶은 내면의 욕구와 타협을 해야겠다. 그러면 아들에 대한 투사를 좀 거둘 수 있지 않을까 싶다.

아빠의 한숨 소리에 다 같이 우울해지는 이유

가족의 감정은 전염성이 강해서 누군가가 강한 불안감을 느끼고 있으면 그것은 가족 전체로 퍼져 나가고 결국 가족 전체가 불안해하게 된다.

부부 관계에 따라 가정은 한순간에 천국이 될 수도, 지옥이 될 수도 있다. 가족이라는 이름으로 서로에게 얼마나 상처를 줄 수 있는지, 그것이 또 얼마나 심각한 문제를 만들어 낼 수 있는지를 보여 주는 것이 이혼이다. 전문가들은 이혼 스트레스를 흔히 교통사고 스트레스에 비유한다.

몇 달 전 나는 약속에 늦을까 급히 운전을 하다가 옆에서 오는 차를 보지 못하여 사고를 당했다. 그 순간 몸이 옆으로 튕겨 나가 다리를 다쳤다. 무릎 부근에서 피가 줄줄 흘렀다. 차 밖으로 겨우 나와 얼떨떨한 상태로 충돌한 운전자와 큰 소리로 옥신각신하며 서로의 과실을 따졌다. 그리고 떨리는 손으로 보험사에 전화를 하였다. 그 후

나는 병원에 가서 열흘 정도 치료를 받았다. 몸의 치료뿐 아니라 교통사고 때 느낀 엄청난 공포, 불안, 자책 등 수많은 부정적인 감정도 치유해야 했다.

이런 교통사고를 자그마치 6개월간 매일 당할 때의 스트레스가 한 번 이혼할 때의 스트레스와 비슷하다니….

이혼이 아니더라도 부부간의 갈등은 실망, 자책, 불안, 후회 등 수많은 부정적인 감정을 불러온다. 그리고 이 감정들은 가족이라는 피뢰침이 모두 흡수해 버린다. 가족 중 한 사람이 어둡고 긴장된 표정으로 집에 들어왔을 때 집에 있던 가족이 순식간에 그의 감정 상태를 알아채고 영향을 받는 식이다. 가족의 감정은 전염성이 강해서 누군가가 강한 불안감을 느끼고 있으면 그것은 가족 전체로 퍼져 나가고 결국 가족 전체를 불안하게 한다. 긍정적인 측면은 가족 한 사람의 부정적인 감정을 가족 전체가 여과 장치가 되어 걸러 주고 완화할 수 있다는 것이다.

— 감정은 전염성이 강하다 —

* * *

1938년 프로이트는 히틀러를 피해 평생을 살아온 오스트리아를 떠나 영국으로 망명했다. 히틀러가 집권하면서 반유대주의는 예견되었고 그를 아끼는 많은 사람들이 오스트리아를 떠날 것을 권유하였지만 그는 움직이지 않았다. 하지만 유대인 박해와 학살이 현실화되었고 그는 결국 오스트리아를 떠날 수밖에 없었다.

늦은 밤 그는 막내딸 안나와 함께 밤기차에 올라탔다. 고향 땅을 떠나야 하는 노구의 대학자는 울고 싶지만 울 수가 없었다. 그를 배웅하러 온 사람들도 차마 울지 못했다. 그때 그의 집 하녀가 손을 흔들다 크게 울음을 터뜨렸다. 울 수 없는 프로이트를 대신해 그녀가 울어 준 것이었다.

이처럼 사람과 사람 사이에서 생겨나는 감정은 전염성이 있어서 무의식적으로 교류된다. 특히나 가족 안에서 한 개인이 느끼는 감정은 다른 가족들에게 영향을 미치고 가족은 여기에 반응하게 된다.

보웬은 "가족은 감정적으로 얽혀 있는 하나의 감정 덩어리"라고 말한다. 가족 내 감정에는 개인의 감정과 가족 구성원이 함께 공유하고 있는 감정이 있다. 가족 내 한 사람이 다른 한 사람의 감정을 복제해 자기 안에 수용해서 마치 자기의 것인 양 살아갈 수도 있다. 가족의 감정은 가족 안에서 이처럼 강한 영향력을 행사한다.

또 누군가의 감정 사용이 지나치게 한쪽 방향으로 흐르면 이것은 다른 가족들에게 영향을 미치고, 감정의 균형을 잡기 위한 반응이 일어난다. 가족의 감정은 균형을 원하기 때문이다. 예컨대 가족 중 누군가가 슬퍼하면 가족들은 여기에 반응해서 위로와 공감을 통해 그의 슬픔을 해소해 한 방향으로 치닫지 않고 균형을 유지하게 한다. 반면에 가족 중 한 사람이 감정을 전혀 사용하지 않으면 가족의 심리적 균형을 위해 다른 어떤 사람은 무의식적으로 지나치게 감정을 많이 표출한다. 남편이 감정 표현을 안 하고 매사에 이성적으로만 분석하고 판단하려 들면 아내와 자녀는 감정을 많이 분출하게 된다. 냉정한 남편, 과도한 감정에 사로잡혀 우울한 아내, 늘 골이 나 있고 예민한 자녀…, 이런 식이다. 또 부모가 부정적인 감정을 가슴에 가득 안고 있으면서 제대로 표현하지 못하는 경우에는 자녀가 그 감정을 대신 표현한다. 가령 부모가 분노를 안고 있다면 자녀가 공격적이고 과격한 모습을 보이거나 문제를 일으킬 수 있다. 부모가 느끼는 감정을 자녀가 자기의 것으로 받아들이고 고통을 받는 것이다.

* * *

열다섯 살 중학생 동현이의 부모는 둘 다 의사이다. 엄마와 아빠 모두 집안은 넉넉하지 않았지만 열심히 공부하여 의사가 되었고 이제는 사회적으로 인정도 받게 되었다. 부모는 자신들이 사회에서 성공한 비결이 학업에 있다고 생각하고, 자녀가 아주 어렸을 때부터 열심히 공부에서 남보다 앞설 것을 요구했다. 그러나 자녀는 요구를 버거워했다. 동현이는 삶의 링에 올라가기도 전에 과도한 경쟁의식을 주입받고 불안과 긴장을 내면에 축적하였다.

동현이와 같은 가정에서 자녀가 보일 수 있는 모습은 두 가지이다. 부모의 긴장과 불안을 내면화하여 경쟁에서 살아남기 위해 애쓰는 아이가 되거나, 과중한 부담감에 짓눌려 아예 포기하는 아이가 되는 것이다. 어떤 선택을 하든, 모두 죄책감과 수치심을 갖게 되고 내면을 망칠 수 있다.

가족 안에 존재하는 경쟁의식과 불안감을 내면화한 동현이는 그

부담감 때문에 일찍부터 지쳐 버렸던 것이다.

— 감정과 생각 사이에 경계가 필요하다 —

* * *

서른다섯의 미혼 여성인 수현 씨는 어머니에게 늘 미안해하고 조금이라도 더 잘해 주려고 애를 쓴다. 주변에서 지나친 것 아니냐는 핀잔을 들을 정도이다.

수현 씨의 어머니는 동생이 다섯이나 있는 장남에게 시집와서 시동생들을 뒷바라지하고 결혼까지 시켰지만 가족 중 누구도 어머니의 공을 알아주지 않았다. 어머니는 자기의 수고를 아무도 몰라주는 것에 대해 큰 실망감을 가졌고 이것이 어머니 마음속에 큰 한이 되었다.

수현 씨가 어머니에게 지나치게 고마워하고 어머니를 더 도와주지 못하는 것에 대해 과도하게 미안해하는 모습 속에서, 나는 그녀가 다섯 명의 시동생과 남편, 다른 식구들이 어머니에게 해야 할 고마움의 표시를 대신하고 있음을 발견할 수 있었다. 딸은 어머니의 감정을 무의식적으로 알았고, 다른 식구들을 대신해 오직 어머니만을 받들고 살면서 어머니의 감정을 해소하는 역할을 했던 것이다.

가족 구성원 중 하나가 가족이라는 감정 여과 장치를 통해 자기의 감정을 해소하게 되면, 다른 가족 구성원들은 타인의 감정을 자기 몫으로 받아들여 고통을 받는다. 그렇지만 그런 식으로 가족을 이용해

자기의 감정을 마구 해소하려는 가족은 '감정과 생각의 경계가 분명하지 않은 가족'이다.

마음이란 '감정'과 '생각'으로 나뉠 수 있으며 감정과 생각은 서로 영향을 주고받는다. 욱하는 성질에 화를 잘 내어서 상황을 힘들게 만드는 다혈질의 사람은 감정과 생각 사이의 경계가 얇은 사람이다. 그런 사람은 스스로 자신의 감정을 완화시키고 조정하기보다는 가족들에게 자신의 감정을 옮긴다. 그리고 가족들이 반응하는 것을 보면서 자신의 감정을 해소한다.

마찬가지로 감정과 생각 사이에 경계가 얇은 가족은 가족 구성원 모두가 가족 안에서 자신의 감정을 해소하려 하기 때문에 감정적으로 쉽게 흥분하고 분노하고 우울해한다. 그러면서 서로에게 상처를 준다. 감정과 생각 사이에 경계가 얇은 가족은 외부의 자극에 민감하게 반응하고 감정 반사적인 행동을 하기 때문에 객관적으로 사고하지 못한다. 이런 모습은 자아의 힘이 제대로 발휘되지 않기 때문에 나타난다.

가족이라는 감정의 피뢰침이 적당하게 그 기능을 수행하고 가족이 건강하게 생활하기 위해서는 감정과 생각 사이에 경계를 튼튼하게 만들 필요가 있다. 여기에 필요한 것이 '자아 분화'이다. 보웬이 주창한 자아 분화는 감정을 이성적으로 얼마나 잘 통제하고 조정할 수 있는가를 나타내는 개념이다. 가족은 감정에 의해 얽혀 있을 뿐 아니라 감정적으로 쉽게 전염되는 관계이므로, 이성적 능력을 적절히 사용할 수 있어야 한다. 이성의 힘을 사용할 수 있는 가족은, 가족 안에서 각자의 경계를 유지하면서 불안에 적절하게 대처한다.

하지만 가족 구성원들이 감정적으로 서로를 끌어당기려고 할 때 여기에 끌려가지 않고 버티기는 대단히 힘들다. 이때 필요한 것이 바로 가족 구성원 각각의 건강한 자존감이다.

자존감은 '자기 자신을 어떻게 보는가'와 '가족들이 나를 어떻게 바라보는가'에 의해 결정된다. 낮은 자존감을 가진 가족 안에서 살아가야 한다면, 가족 구성원들이 나를 바라보는 시각을 변화시키기는 사실상 어렵다. 그러나 내가 나를 바라보는 시각은 변화가 가능하다. 내가 나 자신을 긍정적이고 따뜻하게 바라볼 수 있다면, 이것 역시 전염되어 가족 전체로 이어지고 가족들이 나를 바라보는 시각에 변화를 일으킬 수 있다. 이처럼 가족 문제의 해결은 신세계를 찾는 것이 아니라 문제를 일으킨 방식을 역이용하는 데에서도 올 수 있다.

가족은 살아 있는 하나의 유기체이다

가족 중 누군가가 자기 자신을 발견하는 것만으로도 가족 안에서는 변화가 일어난다. 만약 가족 안에서 누군가의 변화가 받아들여지면, 이것은 당사자의 변화에서 가족 전체의 변화로 이어지게 된다.

* * *

미선 씨는 결혼한 지 3년 된 서른 살 여성이다. 얼마 전부터 남편이 화가 날 때마다 폭언을 하는데, 그때마다 가슴이 옥죄고 머리가 무거워진다며 상담을 요청해 왔다. 몸이 몹시 마르고 얼굴에는 기미가 잔뜩 껴 있었다. 아마도 마음의 힘듦이 몸의 문제로 나타나고 있는 듯하였다.

상담을 하면서 그녀가 현재 부부 생활에서만 가슴을 졸이고 산 게 아니라 아주 어린 시절에서부터 그래 왔다는 것을 알게 되었다. 그녀의 부모는 종종 집 안에서 크게 싸웠고 그녀가 고등학생이 되었을 때 결국 이혼을 하였다.

그녀는 그런 모든 과정을 지켜보며 죽은 듯 살았다. 최대한 자신을 낮추고 살았다. 엄마와 아빠에게 어떤 주장도, 요구도 못하고 묵묵히 공부만 하였다. 부모의 사랑과 관심이 필요한 나이였지만, 오히려 이혼한 엄마를 위로하며 엄마의 힘이 되려고 노력하였다. 친구와의 관계에서도 그녀는 언제나 자기주장을 말하기보다 친구의 의견을 들어주고 그에 맞춰 행동했다. 당연히 친구 관계는 좋았다. 그렇게 타인 중심으로 살면서 정작 자신에게는 점점 소홀해졌다.

미선 씨의 이런 자기희생적이고 배려 깊은 모습에 매력을 느껴, 지금의 남편은 그녀에게 청혼을 하였고 두 사람의 부부 관계는 물론이고 시댁이나 지인들과도 별다른 갈등 없이 잘 지냈다. 그러나 시간이 갈수록 미선 씨는 긴장하고 눈치 보는 삶에 지쳐 갔으며 그와 함께 깊은 무력감이 찾아왔다.

— 가족은 '살아 있는 하나의 유기체'이다 —

가족은 매일 서로의 말과 행동을 관찰한다. 가족 안에서 무슨 일을 할 때는 나를 지켜보는 눈이 반드시 있다. 가족 구성원 중 하나가 어떤 행동을 하면 그것은 그 개인의 일로 끝나지 않고 가족 모두에게 영향을 끼친다. 예컨대 가장이 퇴근 후 집에 돌아오자마자 한숨을 쉬었을 때, 이것은 바로 아내와 자녀들에게 전달된다. 아내는 평상시 밝고 씩씩하던 남편이 한숨을 쉬니 '안 좋은 일이 생겼나.' 하고 걱정하게 된다. 엄마의 얼굴에서 무언가 근심 어린 표정을 본 딸은 마음이 불안해진다. 엄마나 아빠는 또 그러한 딸의 표정 변화를 알아차린다. 이처럼 가족 문제는 한 사람에 그치지 않고 누군가에 영향을 끼치고, 또 누군가는 이것을 관찰하고 반응하면서 그 영향이 돌고 돈다.

가족상담사들은 가족을 살아 있는 하나의 유기체로 본다. 가족이 유기체라는 말은, 구성원이 따로 독립된 존재가 아닌 끊임없이 상호작용을 하는 공동체의 일원으로 존재한다는 의미이다. 자연 생태계는 끝없이 연결된 그물망과도 같다. 그 안에 있는 하나의 생명체는 다른 많은 생명체와 긴밀하고 복잡하게 연결되어 있으면서 동시에 일정한 균형을 유지한다.

환경의 변화로 하나의 종이 사라지면, 그 종에 의존하던 다른 종도 생존의 위협을 받고 생태 환경에 변화가 온다. 어느 해엔가, 캐나다에서 토끼 수가 급격하게 늘어났다. 토끼의 개체 수 증가는 초원의 파괴로 이어졌고 이것은 그곳에 살던 다른 동물들에게 위협이 되었다. 알고 보니, 토끼를 잡아먹던 여우의 수가 급감한 것이 원인이었다. 토끼의 개체 수 증가는 이처럼 자연이라는 생태계 그물망으로 연결되어 있었던 것이다.

자연의 일부인 우리도 가족 내에서 서로 영향을 주고받으며 살아간다. 자연 생태계는 그냥 조용히 흘러가는 것 같지만, 그 속에서는 끊임없이 위기와 변화가 일어난다. 가뭄으로 생태계가 망가지는 재앙이 찾아올 수도 있고 홍수로 생태 공간이 파괴될 수도 있다. 하지만 언제나 일정한 균형을 유지한다. 자연이 스스로 일정한 생태적 균형을 유지할 때 그 자연은 건강하다고 말할 수 있다.

가족도 경제적 어려움과 같은 외부적 갈등이나 부부 싸움, 부모 자녀 갈등과 같은 내부적 갈등으로 위기를 맞을 수 있지만, 항상 일정한 균형을 유지한다. 가족이 일정한 균형을 유지하지 못할 때 진짜 위기가 찾아온다. 균형감을 상실한 가족은 마치 자생력을 잃어버린 자연처럼 한순간에 무너진다. 이럴 때는 전문가의 도움이 절실히 필요하다.

가족이 균형을 상실하고 위기에 처하는 요인은 다양하다. 가장의 실직, 사업의 실패 등과 같은 경제적 어려움, 부부 중 한 사람 또는 부부 모두의 외도, 가족 구성원 가운데 누군가의 상실, 고부 갈등 등이 있다.

— 가족 내에 존재하는 일정한 균형감 —

가족 안에서 일정한 균형이 유지되는 것을 '가족항상성'(family homeo-stasis)이라고 부른다. 가족상담의 선구자 베이트슨(Gregory Bateson)은 동료 연구가들과 함께 역기능적인 의사소통이 가족 안에서 한 구성원에게 정신분열장애를 일으키는 원인이 될 수 있음을 발견하였다.

이 연구에 참여했던 잭슨(Don Jackson)은 훗날 '가족항상성의 원칙'을 발전시켰다. 이 원칙에 따르면 가족 구성원들은 모두 가족 안에 무게와 균형을 일정하게 유지하기 위한 서로 유사한 행동 양식을 갖고 있다. 예컨대 가족 구성원 중 한 사람이 알코올중독에 걸려 행동에 변화가 오면, 이것은 다른 가족 구성원들의 행동에도 영향을 미친다. 이 가족은 가족 안에서 일정한 무게를 유지하기 위해 한 사람의 변화에 공격적으로 반응하여 가족 안에서 일정한 균형을 유지하려고 한다.

오스트리아 출신 생물학자 버탈란피(Ludwing von Bertalanffy)는 "인간의 몸은 수많은 세포로 이루어져 있으며 그 하나하나의 세포들은 스스로 자신을 통제하고 조절할 수 있는 능력이 있다."는 것을 발견했다. 한 세포가 증식하다가 다른 세포를 만나면 증식을 멈추고 다른 세포와 균형과 조화를 이룬다. 이런 방식으로 세포는 자신을 통제하면서 다른 주변 세포들과 더불어 산다. 그런데 이때 세포가 조절 능력을 상실하고 계속 증식하면 이것이 바로 암세포가 된다. 이렇듯 하나의 작은 세포들도 상호작용을 하여 일정한 체계를 유지한다.

그리고 이런 세포들의 조합인 인간 역시 스스로를 통제하고 유지한다. 대표적인 예로 땀이 나는 과정이 그러하다. 체온이 올라가면 몸은 스스로 그 열을 식히기 위해 물기를 몸 밖으로 내보낸다. 그것이 바로 땀이다. 이런 능력은 가족에게도 있다. 가족은 가족항상성의 법칙에 따라 가족이 가진 규칙과 질서, 분위기를 스스로 통제하고 조절해 나간다.

가족항상성은 가족의 일정한 습관 등으로 이해될 수 있다. 가족 간의 느낌, 안정감, 생산성, 친밀감과 관계 의식, 통합된 구조 의식, 책임감, 도전과 자극의 욕구, 기쁨과 긍정의 욕구 등 모든 심리적 욕구가 일상에서 자연스럽게 나타난다. 그리고 가족은 항상성의 법칙에 따라 가족 내 문제를 계속 유지한다. 다시 말해 한 가족은 언제나 일정한 긴장과 갈등상태를 유지하려는 경향이 있는데 이것이 가족항상성이다. 가족항상성은 나아가 가족의 문제와 증상이 어떻게 계속 유지되는지를 설명해 준다. 즉 패턴화된 가족 증상을 아주 잘 설명해 준다.

— 작은 변화가 가져온 가족의 균형 —

가족의 균형이 깨졌다는 것은, 지금까지 지속되던 방식으로는 더 이상 살아갈 수 없다는 것을 의미한다. 다시금 가족의 균형을 유지하기 위해서는 새로운 항상성을 만들어야 한다. 가족항상성의 변화는 인식이나 행동의 조그마한 변화로도 일어날 수 있다. 예를 들면 가족 중 누군가가 자기 자신을 발견하는 것만으로도 가족 안에서는 변화가 일어난다. 만약 가족 안에서 누군가의 변화가 받아들여지면, 이것은 당사자의 변화에서 가족 전체의 변화로 이어지게 된다.

가족항상성에 변화가 일어나기 위한 최우선 조건은 '가족 구성원들이 기존의 방식과 패턴을 고수하지 않는 것'이 된다. 하지만 너무 쉽게 변화를 받아들이는 가족은 자기정체성을 잃고 혼란에 빠질 수 있다. 따라서 변화를 어떻게 적절히 받아들이며 가족항상성을 건강하게 유지하는지가 중요하다. 그러면 누군가는 분명 어떻게 적절하게 받아들이느냐고 물을 수 있다. 개방성과 폐쇄성을 동시에 유지하는 것이 가장 이상적이다. 역시나 조금 추상적으로 들리겠지만, 지나친 개방성과 폐쇄성이 아닌 상황에 따라 유연하게 개방성과 폐쇄성을 유지할 수 있는 것이 적당한 정도이다.

미선 씨는 상담을 통해 언제나 타인의 감정만 위로하고 타인의 비위만 맞추려 했던 자신을 발견했다. 그리고 그녀는 이제 그렇게 살지 않겠다고 결심했다. 그 순간 놀라운 일이 벌어졌다. 늘 불안하고 남의 눈치만 살피던 모습이 서서히 사라지고 자기주장과 감정을 허용할 수 있게 되었다. 과거에는 남편이 폭언을 하면 무조건 미안하다고 사과하고 오히려 남편을 달래 주었는데, 이제 그녀는 그렇게 하지 않는다. 남편의 폭언에 자기가 그동안 얼마나 힘들었는지 담담하게 말할 수 있게 되었고, 남편은 아내의 변화에 놀라움을 금치 못했다.

미선 씨 가족이 그동안 유지하던 가족항상성에 변화가 일어났다. 아내는 더 이상 수동적인 자세를 취하지 않았고 자기주장을 하였다. 남편은 아직 자신의 노선을 정하지 못했다. 그는 변화된 아내의 모습을 받아들이고 자기도 변화하는 쪽을 선택할 수도 있고, 아내의 과거 모습만을 요구하며 시위를 벌일 수도 있다. 만약 후자를 택한다면 이 가족은 무너지게 될 것이다. 반면에 전자를 택한다면 남편은 아내가 발견한 자기 성장의 기회를 똑같이 얻게 된다. 폭언을 통해 아내를 통제하려는 미숙한 남편에서 벗어나 성숙한 관계 능력을 가진 남자가 되는 것이다. 남편에게 억압당하며 살아가는 아내가 남편을 존경하거나 사랑할 수 없다. 반면에 남편에게 자기의 감정을 편하게 드러낼 수 있는 아내는 진심으로 남편을 존경하고 사랑할 수 있다.

가족 안에서 분명한 내 자리 찾기

우리는 이제 교실을 나와 사회인이 되었다. 그러나 여전히 교실에서의 하위 그룹 생존 전략을 고수하는 사람들이 있다. 남의 눈치를 보고 자세를 낮추고 왕따를 당할까 조심하면서 살아간다.

* * *

고등학교 1학년인 영수는 심각한 게임 중독 때문에 나를 찾아왔다. 상담 시간 내내 눈을 내리깔고 시선을 피하며 들릴락 말락 한 목소리로 그간의 이야기를 하였다.

이야기 중간중간 감정이 치달았는지 눈물을 보이기도 했지만, 이내 눈을 훔치고 감정을 억누르는 모습을 보였다.

"많이 힘들었겠구나."

나는 가만히 영수의 머리를 쓰다듬어 주었다.

영수는 교실에서 왕따였다. 혼자였고 외로운 아이였다. 어른들이 보기에 교실은 작은 세계에 불과하지만 영수에게 교실은 세상 전부였다. 교실에서의 왕따는 세상 모두에게서 버림받는 것과 다름없었을 것이다.

집단 괴롭힘을 당하지 않기 위해 영수는 바짝 긴장한 상태를 유지했고 아이들의 눈에 띄는 일이 없도록 전전긍긍하며 살았다. 자기를 전혀 드러내지 않았다. 영수의 학교생활 최대 목표는 아이들에게 괴롭힘을 당하지 않는 것이었다. 하지만 알게 모르게 영수의 내면에는 분노의 감정이 쌓였고, 혼자 있는 밤이 되면 게임을 통해 풀었다. 게임 세상 속에서는 더 이상 외롭지 않았고 겁먹을 일도, 눈치 볼 일도 없었기 때문이다. 그러면서 게임에 빠지게 된 것이다.

— 학창 시절 '교실 안' 나의 서열은? —

교실은 보통 같은 지역, 같은 연령의 아이들이 함께 공부하는 곳이다. 특별한 사정을 가진 아이들을 제외하면 나이나 환경에 차이가 크게 없다. 더욱이 요즘에는 한 학급에 아주 잘사는 아이와 아주 못사는 아이가 공존하는 경우가 드물다. 대부분의 같은 아파트 단지에 살거나 비슷한 소득계층이 모여 사는 동네의 아이들이 한 학교에 모이기 때문이다.

하지만 교실 안에는 분명 신분과 서열, 위계질서가 존재한다. 아이들 사이에 상위 그룹, 중간 그룹, 하위 그룹이 존재한다. 그리고 어느 그룹에 속하는지가 학창 시절의 행복과 불행의 정도를 판가름한다. 그런데 이러한 신분은 어떻게 만들어질까? 대체로 교실에서 가장 신분이 높은 아이들은 재미있는, 즉 인기가 많은 아이들이다. 인기 있는 아이는 같은 반 친구들은 물론 교사들의 주목을 받고, 반대로 인기 없는 아이는 누구에게도 주목받지 못한다.

또한 상위 그룹에 속하면 왕따를 당할 위험이 사라진다. 교실 안 친구들뿐 아니라 교사, 선배와 원만한 유대관계를 맺을 수 있다. 상위 그룹에 속한 아이들은 교실 내에서뿐만 아니라 학교 행사 등에서도 자기 목소리를 낼 줄 알고 주도적인 위치를 점하여 남의 눈에 잘 띈다. 또 대체로 표정이 밝고 목소리가 크고, 수학여행을 갈 때면 버스 안에서 뒷좌석을 점령한다. 당연히 학교생활이 즐겁다. 상위 그룹 아이들은 인생의 봄날을 보내고 있으며, 성인이 된 후에는 학창 시절을 그리워하고 그때로 돌아가고 싶다고 회고할 것이다.

그러나 하위 그룹 아이들에게 학교에서의 하루하루는 그야말로 지옥이고 기억하고 싶지 않은 시간이다. 나는 교실에서 상처를 받은 청소년들과 그런 기억을 가진 젊은이들을 많이 만났다. 그들에게 중학교, 고등학교 시절은 고통 그 자체였다. 왕따의 고통에 시달린 경우도 많았고, 왕따는 아니었지만 왕따가 될까 봐 두려워서 바보 연기를 한 여성도 있었다. 그들에게 교실에서 겪어 내야 했던 고통은 지난 과거가 아니었다. 그것은 현재의 대인 관계와 자존감에도 큰 영향을 미치고 있었다.

우리는 이제 교실을 나와 사회인이 되었다. 그러나 여전히 교실에서의 하위 그룹 생존 전략을 고수하는 사람들이 있다. 남의 눈치를 보고 자세를 낮추고 왕따를 당할까(사람들이 싫어할까) 조심하면서 살아간다. 그들에게는 사회가 교실을 대체한 것이다. 자기도 모르게 모든 사회적 인간관계를 교실 내 인간관계와 동일시하면서 하위 그룹의 생존 전략을 구사한다.

학창 시절 하위 그룹에서 분노와 억울함을 느꼈던 사람들은 대개 피해의식 속에서 살아간다. 누군가 조금이라도 자기를 무시하거나 하위 그룹에서 당했던 것과 유사한 일을 당하면 공격적으로 대응하고 투쟁의 대상으로 여긴다. 힘을 가지려 하고 타인보다 우위에 서려 한다. 통제받기보다 통제하려 하고 다른 사람들이 힘을 사용해 자기를 옭아매려고 하면 견딜 수 없어 한다.(경험상 이런 사람들은 한 직장에 오래 다닐 수 없다. 많은 이유로 직장을 그만두고 여러 직업을 전전하게 된다.) 그러면서 과거와 마찬가지로 스스로를 고립시킨다.

— 사랑의 질서가 바로 서야 가족이 건강하다 —

영수와 상담을 마치고, 나는 영수의 어머니에게 "아이는 게임 중독보다 대인 관계 문제가 더 심각하다."고 말했다. 그러자 영수 어머니는 바로 아들을 째려보면서 "도대체 친구들과 어떻게 지내기에 그러냐."며 아들을 혼냈다. 나는 순간 무안했다. 영수는 누구에게든 자기 생각과 감정을 드러내면 안 되는 아이였던 것이다. 영수는 학교에서만 관계의 문제를 가진 것이 아니라 가족 안에서도 문제를 갖고 있었다. 잘난 형제들 사이에서 살아가는 것을 힘들어했다. 전교 1등을 한 번도 놓치지 않고 명문대에 들어간 형, 의대에 들어간 누나에 비해 영수는 너무 초라했다. 영수는 가족 안에서 최하위 그룹에 속했고, 이것이 자연스럽게 학교로도 옮겨진 것이었다.

왕따, 집단 내 계층 문제는 단지 사회에서만 일어난 것이 아니다. 우리에게 정신적, 육체적으로 따스한 안식처이자 '믿을 구석'이 되어야 할 가족 안에서도 왕따가 만들어질 수 있고, 최하위 계층이 생겨날 수 있고, 이를 두려워하는 사람들이 있다.

가족 안에는 일정한 위계질서가 존재하며, 가족 구성원이 건강하고 안정된 삶을 살 수 있을지 어떨지는 그 위계질서에 달려 있다. 헬링어는 가족 안의 위계질서를 "사랑의 질서"라고 불렀다. 가족이 건강하기 위해서는 가족 구성원의 서열, 즉 가족 내 자기 자리가 분명해야 한다. 만일 가족 구성원 중에 자기의 서열이 무시되고 불분명한 위치를 점하는 사람이 있을 때 가족 안에는 반드시 갈등과 문제가 생긴다. 헬링어는 "가족 갈등과 문제는 가족 안에 존재해야 하는 사랑의 질서가 무너졌을 때 발생한다."고 보았다.

가족 내 위계질서가 왜곡되면 아이는 학교에 가서도 배척당하고 따돌림을 받거나 지나치게 엄격한 역할만을 수행해야 한다. 즉 눈치 보고 입 다물고 시키는 대로만 움직인다. 이런 아이는 인간의 네 가지 욕구를 위협당한다. 즉 소속감, 자존감, 삶에 대한 통제력, 삶의 의미를 찾으려는 욕구가 손상당하고, 자기의 계급을 스스로 만들어 가는 능력을 잃어버린다.

사랑의 질서가 유지되기 위해서는 먼저 '경계'가 필요하다. 우리 집 아들을 예로 들자면, 초등학교 6학년이 되자마자 자기 방에 "엄마 아빠 출입 금지"라고 적은 종이를 방문에 붙여 놓았다. 자기만의 독립된 공간이 필요하다는 욕구를 표현한 것이다. 자기만의 공간, 자기만의 비밀, 자기만의 세계가 어느 정도 허용되면 아이는 부모에게 존중받는다고 느낀다. 부모와 자녀의 관계는 사랑만으로는 안 된다. 사랑은 가족을 구성하기 위한 필요조건이지 충분조건이 아니다. 사랑이 지나쳐서 넘치지 않도록 균형을 잡아 주는 존중이 필요하다.

경계를 존중받지 못하면 아이는 독립된 한 사람으로 성장할 기회를 빼앗기게 된다. 그러면 부모 자녀 관계는 사랑의 관계이기보다는 지긋지긋한 애증의 관계가 된다.

경계가 존재한다면 이번에는 '접근성'이 필요하다. 아이는 부모 둘 중 한쪽으로 지나치게 치우치지 않고 양쪽 모두에게 다가갈 수 있으며 가족 모두와 정서적 교류를 유지할 수 있어야 한다.

'경계'와 '접근성'이 존재하면 아이는 가족 모두와 단단하게 결속하게 된다. 결속감은 가족 안에서 편안함과 안정감을 갖게 한다.

가족 안에서의 관계는 끊임없이 변하고 바뀔 수 있지만, 이처럼 기본적인 관계의 틀과 질서가 있다. 이런 질서가 한번 왜곡되면 가족 문제로 끝나는 것이 아니라 가족 밖 관계에서도 문제를 일으킨다. 따라서 가족 문제는 모든 대인 관계 문제의 뿌리라 할 수 있다.

우리는 사회적인 존재로 수많은 관계를 맺고 그루밍(동물들이 친해지기 위해 서로 몸을 핥거나 이를 잡아 주는 행위) 과정을 통해 서로의 사회적 신분을 확인하고 계급투쟁에 따른 갈등을 회피하고 적절한 관계를 유지해 나갈 수 있다. 그러나 이런 능력은 당사자만의 노력으로 얻을 수 있는 인생의 몫이 아니다. 가족 구성원들 모두가 각자의 위치에서 동일하게 존중되고 수용되는 과정 속에서 만들어 갈 수 있는 능력이다.

— 나의 자리는 내가 정하는 것이다 —

영수와 상담을 하면서 나는 개인적으로 가슴이 많이 아팠다. 영수의 모습은 오래전 나의 모습과도 닮아 있었기 때문이다. 사춘기 시절 나는 교실에서 하위 그룹에 속했다. 나에게 그 시절은 추억의 한자리가 아닌 되돌리고 싶지 않은 악몽이었다. 모든 일에 자신감이 없었고 주류가 아닌 아웃사이더였다. 그것이 오히려 마음 편했다. 하지만 한편으로 늘 외로웠다. 그러다 군 입대 후 새로운 인간관계를 맺으면서 나의 가치를 알게 되었고 잃었던 자신감을 회복했다.

그런데 사춘기 때 교실 아웃사이더 자리는 아이들이 나에게 정해준 서열이 아니었다. 나는 아마도 스스로 그 자리를 찾아 들어갔던 것 같다. 당연히 불만족스럽고 싫었지만 달리 뭘 어떻게 해야 할지 몰랐다.

군대에서 다양한 배경과 외모, 가치관을 가진 내 또래 젊은이들을 많이 만나면서 나는 나의 가치와 자신감을 발견했다. 그리고 내가 속해 있던 신분이 나에게 어울리지 않는다고 생각하게 되었다. 문제는 내 능력과 가치를 알아주지 않는 가족과 사회에만 있는 것이 아니라 내 자신 안에도 있었다.

나는 나의 과거를 돌아보며 영수에게 그 모든 것을 전하고 싶었지만, 언제나 그렇듯 현재 위기에 놓인 사람에게 이러한 사실은 잘 전달되지 않는다. 그들에게는 판에 박힌 말, 교과서적인 말, 자신을 전혀 공감해 주지 않는 이야기로 들리곤 하기 때문이다.

하지만 인생이라는 학교에서, 점점 나이를 먹고 이런저런 실패와 성공 경험을 해 나가다 보면 자연히 알게 될 것이다. 우리를 둘러싼 환경과 사람들은 내가 어떤 마음을 먹고 어떤 자세로 그들에게 다가가느냐에 따라 백팔십도 변할 수 있다는 것을. 자기를 알아 가는 여행이 우리에게 필요한 이유가 바로 그것이다.

거미줄처럼 얽혀 있는 가족의 운명

우리는 가족에게 강한 충성심을 갖고 있다. 적어도 가족 안에서 우리는 이기적인 존재가 아니다. 가족을 위해 기꺼이 협력하고 스스로 위험을 감수하고 희생한다.

* * *

미현 씨는 삼십 대 초반의 주부였다. 그녀는 지금껏 친정엄마와 거리감을 두고 살았으며, 엄마에게 무언가 빚을 지고 있다는 부담감을 느꼈다. 결혼 후 처음으로 친정 식구들이 신혼집에 놀러 온 날, 그녀는 시집 식구들이나 남편의 직장 동료들을 접대할 때보다 더 긴장된 모습으로 청소하고 식사를 준비하였다. 그리고 친정 식구들이 돌아간 후, 문득 "나는 왜 엄마 앞에서 이렇게 긴장하고 큰 잘못이라도 한 듯 주눅이 드는가?"라고 되물었단다.

그녀는 가족 안에서 언제나 엄마에게 '없는 듯한' 존재였고 그녀는 그것을 당연하게 받아들이고 살아왔다. 그녀에게 엄마는 살갑고 정겨운 존재가 아니었다. 당연히 늘 외로웠다. 하지만 그러한 마음을 엄마에게 표현할 수 없었고, 왠지 모르게 엄마에게는 그 어떤 부담도 주어서는 안 될 것 같았다.

— 시아버지와 닮은 딸을 미워한 엄마 —

메를로퐁티(Maurice Merleau-Ponty)는 그의 책 『지각의 현상학(Phenomenologie de la Perception』에서 다음과 같은 사례를 소개한다.

한 남자가 아내가 선물한 책을 장롱 서랍에 넣어 두었는데 그 사실을 까마득히 잊어버렸다. 도저히 그 책을 찾을 수 없어서 분실한 것으로 간주하고 찾기를 포기하였다. 당시 그는 아내와의 관계가 최악인 상황이었고 이혼까지 심각하게 고민하고 있었다. 그런데 부부 관계가 회복되자 그는 장롱에 넣어 둔 책을 거짓말처럼 기억해 냈다. 심각한 부부 갈등 속에서 남자는 아내와 관련된 기억을 떠올리는 것이 싫었고 무엇보다 아내가 선물한 책을 잊음으로써 아내에 대한 거부를 무의식적으로 드러냈던 것이다.

남자가 책에 대한 기억을 잊어버림으로써 아내에 대한 거부를 표시했듯 미현 씨의 어머니 역시 자신이 죽도록 싫어하는 시아버지와 외모가 많이 닮은 딸을 가족 안에서 잊어버림으로써 시아버지에 대한 거부감을 드러낸 것임을, 상담을 지속하면서 알게 되었다.

* * *

미현 씨의 아버지는 결혼한 지 3년 만에 아이와 아내를 남겨 두고 군

에 입대하였다. 그리고 어머니는 혼자서 아이와 세 명의 시동생, 시부모님까지 먹여 살려야 하는 상황에 처했다. 어머니가 힘겹게 생활비를 벌어 오면 시아버지가 그 돈을 빼앗아 술과 노름에 사용하곤 하였다. 돈을 빼앗기지 않으려고 버티면 때리기도 하였다. 그것은 여자에게 너무나 가혹한 운명이었다.

그런데 미현 씨는 자랄수록 그런 할아버지와 외모가 비슷해졌다. 어머니는 미현 씨를 볼 때마다 과거가 떠올랐고, 시아버지에 대한 분노의 감정을 무의식적으로 딸에게 투사하였다. 그러면서 딸은 할아버지와 자신을 동일시하고 할아버지 대신 미안한 감정을 짊어진 채 어머니에게 속죄하듯 살았다. 모녀의 관계는 그렇게 자리 잡았다.

미현 씨에게 이 모든 일은 억울하고 도저히 받아들일 수 없는 것이었다. 그녀는 할아버지의 부도덕한 행위나 어머니의 고통과는 아무 상관이 없었다. 심지어 그 모든 일은 그녀가 태어나기도 전 일이었다. 그럼에도 그녀는 고통스런 가족사에 휘말려 이유도 제대로 모른 채 힘겨운 삶을 살아왔다.

— 상처는 또 다른 상처를 만들어 내고 —

우리는 가족공동체의 일원으로 존재한다. 홀로 떨어진 섬처럼 존재하지 않고 가족이라는 정서적 울타리에 묶여 있으며, 가족 안에서 이전 세대의 가족들과 연결되어 있다. 그리고 우리가 겪고 있는 문제의 상당수는 단지 나의 실수와 잘못에 의해서 생기기보다 이러한 가족 체계와 관련해서 생겨난다.

나를 평생 동안 괴롭히던 문제가 나와 아무 상관없는 곳에서 왔다는 사실을 받아들이기는 매우 어렵다. 칼 융은 "부모가 자녀에게 전수한 카르마가 가족 안에 존재한다."고 말한다. 부모, 조부모, 그리고 더 먼 조상들이 해결하지 못한 채 남겨 놓은 일들과 문제들이 우리에게 강한 영향을 끼친다는 것이다.

영국인들에게 셰익스피어가 있다면 독일인들에게는 괴테가 있다. 영국인들에게 셰익스피어가 작가 그 이상인 것처럼 괴테는 독일인들에게 독일 문화를 상징하는 영웅이다. 이와 관련해 융은 카르마를 다음과 같이 설명했다. "괴테의 대표작 『파우스트』에서 파우스트 박사가 자기의 영혼마저 팔면서 원하는 것을 얻으려는 모습은 독일인들이 제2차 세계대전을 일으켜 온갖 수단과 방법을 동원해 원하는 것을 획득하려 했던 모습으로 이어지는데, 이는 일종의 카르마이다."

독일의 가족치료사 헬링어는 "가족에서 발생하는 다양한 갈등과 문제를 가족이라는 큰 그림 속에서 보아야 한다."고 말한다. 가족들 각자의 의지와 선택에 기인하지 않은, 즉 이유를 알 수 없는 갈등과 문제는 '가족의 얽힘'에서 발생한다고 본 것이다. 얽힘은 가족 안에서 상처가 발생했을 때 생기는 것으로, "상처가 또 다른 상처를 만들어 내는 메커니즘"이다. 가족 중 누군가가 불행한 죽음을 당하거나 추방, 왕따를 당하면 그와 자신을 동일시해서 불행한 삶을 살았던 가족 구성원의 운명을 무의식적으로 흉내 내는 일이 생긴다. 이러한 동일시 과정이 '얽힘'이다.

한마디로, 얽힘은 가족 안에서 발생한 상처에 대해 그와 아무 상관없는 가족 구성원이 그 같은 감정과 태도를 갖게 될 때 일어난다. 이유를 알 수 없는 우울증, 죄책감, 정신장애, 자살에 대한 욕구 등이 얽힘으로 변화할 수 있다.

— 나 아닌 가족의 삶을 사는 고통 —

우리는 가족에게 강한 충성심을 갖고 있다. 적어도 가족 안에서 우리는 이기적인 존재가 아니다. 가족을 위해 기꺼이 협력하고 스스로 위험을 감수하고 희생한다. 그래서 가족 중에 고통받는 사람이 생기면 그의 감정이나 불행한 운명을 자기의 몫으로 받아들이고 사는 것이다.

오래전 나는 한 반항아의 내면에서 부모를 향한 깊은 충성심을 보고 놀란 적이 있다. 부모의 불행한 결혼 생활과 그에 따른 부정적인 감정을 그는 자신의 내면에 순순히 받아들이고 부모 이상의 고통을 겪고 있었다.

그와 비슷한 예로, 달리(Salvador Dalí)의 얘기를 좀 해 보자.

* * *

20세기 초현실주의 화가 살바도르 달리는 형이 죽자 형의 이름을 물려받았다. 그의 부모는 형의 죽음을 몹시 슬퍼하였고 달리에게서 형의 모습을 보려 하였다. 당연히 달리는 어린 시절 자기와 같은 이름이 새겨져 있는 형의 묘비를 자주 보게 되었다.

훗날 성인이 된 달리는 그때를 떠올리며 이렇게 말했다. "나는 유년기와 청소년기를 온통 형의 이미지와 함께 살았다. 죽은 형의 이미지는 항상 내 몸과 영혼에 들러붙어 있었다. 그렇게 나는 기적을 이루어 냈다! 형은 죽었지만, 나는 영원히 죽지 않는 또 다른 형과 살게 된 것이다!"

달리는 어디서 무엇을 하건 내내 형의 존재를 느꼈고, 이것은 그에게 정체성의 혼란과 함께 삶의 무게를 더해 주었다. 달리는 자서전에서 자신의 어린 시절을 회고하며 여동생의 머리를 발로 차거나 친구를 다리 밑으로 떠밀 때 카타르시스를 느꼈다고 고백하기도 했다. 어쩌면 그의 유별난 기행은 자기 자신을 확인하고 자신의 존재를 입증하기 위한 행동이었을지도 모른다.

달리는 가족의 얽힘의 희생자로, 그의 선택과 결정과는 아무 상관없이 형의 운명을 물려받고 형과 자신을 동일시하며 살았다. 달리처럼 가족 중 불행한 누군가와 자신을 동일시하며 살면 정신장애나 신체질환, 관계의 문제 등을 겪을 수 있다. 안타까운 것은 얽힘의 희생자 자신은 자기가 누군가와 운명을 동일시하고 있는지, 그에게 도대체 무슨 일이 일어났는지 전혀 모를 수 있다는 점이다.

미현 씨의 경우도 그러했다. 미현 씨는 자신도 모르게 자신을 할아버지와 동일시하였다. 그리고 어머니가 자신을 할아버지 대하듯 하는 것을 당연하게 받아들였다. 이것은 미현 씨 스스로의 선택이었기보다 어머니를 비롯한 가족들과의 상호 관계를 통해 만들어진 것이었다. 미현 씨는 자기가 할아버지를 대신하고 있었다는 것을 전혀 몰랐다. 동일시는 대부분 무의식적으로 작용되고, 그렇기 때문에 더욱 끝을 알 수 없는 심연의 아픔으로 이끈다.

얽힘을 발생하게 하는 것은 다음과 같다.

부모와 조부모 그리고 형제자매의 조기 사망과 힘든 운명

낙태, 유산, 그리고 사산

비극적 죽음과 사고로 인한 죽음

자살과 파산

범죄와 부당한 사건의 희생자와 가해자

배우자 또는 약혼자의 갑작스러운 죽음

입양

파혼과 이혼

가족적 비밀

가족으로부터 소속될 권리를 박탈당하거나 존중받지 못함

전쟁의 경험

— 마음의 고통이 몸으로 옮겨 가다 —

얽힘과 유사한 용어로 '외상 동일시'가 있다. 심리치료의학에서 오래전부터 알려진 사실은 "한 사람이 사랑하는 가까운 사람의 신체적 고통을 보고 안타까워하면 그 신체적 고통이 훗날 그의 몸에서 유사한 증상으로 나타날 수 있다."는 것이다. 심리학은 이것을 '동일시'라고 표현한다. 흔히 고통을 호소하는 환자가 검사 결과 아무런 이상이 없는데도 통증을 느낀다면 동일시의 가능성을 고려해 볼 수 있다.

* * *

사십 대 초반의 한 남성이 원인을 모르는 심장 통증을 호소하였다. 환자를 진찰한 심장 전문의도, 정형외과 전문의도 그 이유를 찾아낼 수는 없었다. 폐에도 이상이 없고 면역성 질환이나 종양질환 가능성도 전혀 없었다.

남자의 통증은 이미 다섯 달 전에 시작되었다. 그 통증이 일어나기 직전 그는 어머니를 저세상으로 떠나보냈다. 그의 어머니는 당시 암을 앓고 계셨고, 어머니가 돌아가실 때 그는 외국에서 출장 중이어서 어머니의 임종을 지키지 못하였다. 그는 이후 심한 죄책감에 시달렸고 얼마 후 심장 통증이 발생하였다.

그의 심장 통증은 부모에 대한 죄책감에서 비롯된 것이었다. 그는 평소 아버지와 매우 친밀한 사이였고, 함께 등산을 하던 어느 날 아버지에게 갑자기 심근경색이 와서 그의 눈앞에서 세상을 뜨셨다. 이후 그는 사랑하는 아버지가 고통스럽게 죽어 가는 것을 보면서도 아무런 도움이 되지 못한 데 대한 깊은 죄책감을 안고 살았다. 그 상처는 내면 깊은 곳에 자리해 있다가 어머니의 임종을 지켜 주지 못했다는 죄책감와 함께 활성화되었고, 그는 사랑하는 아버지의 신체 증상을 자신의 것으로 받아들이게 되었다.

다른 사람의 신체 증상뿐만 아니라 다른 사람의 트라우마 경험과 이로 인해 발생하는 증상 역시 동일시를 통해 자기의 것으로 받아들일 수 있다. 이게 바로 '외상 동일시'이다.

얽힘은 '외상 동일시'와 유사하게, 가족 안에서 트라우마가 발생할 때 자신도 모르게 고통스러운 삶의 원인이 된 가족과 동일시하여 스스로를 억압하고 고통스러운 삶을 삶으로써 발생한다.

단, 가족 사이에서 발생하는 고통과 아픔은 단순히 가족체계가 가진 관계와 소통의 문제에서만 발생하지 않는다는 것을 기억해야 한다. 가족 문제는 가해자를 찾을 수 없는, 즉 '원인의 혼란'에 빠지게 되는 경우들이 존재한다. 한국은 지난 세기에 역사적으로 수많은 비극과 불행을 겪었다. 그러한 시대를 살았던 수많은 가족 안에 불행한 사건이 각인되어 있고 비극적인 운명을 살았던 사람들이 계속 존재하는 경우, 얽힘은 강하게 발생할 수 있다.

가족의 불행을 내 속에 품다

가족 중 누군가에게 불행한 일이 생기면 이 불행은 동일시를 통해 당사자만의 불행이 아니라 가족 전체의 불행이 된다. 불행한 운명을 살아야 했던 가족의 감정과 고통을 자신의 것으로 받아들이기 때문이다.

우리 집안의 시조는 고려의 최영 장군이다. 정확하게 말해, 우리 집은 오랫동안 그렇게 믿고 살아왔다. 그래서인지 최영 장군의 운명은 다른 위인들과 달리 남의 이야기로 느껴지지 않았다. "황금을 돌같이 보라."는 최영 장군의 말이 마치 할아버지의 말씀처럼 다가오고, 최영 장군의 원대한 꿈인 '요동 땅 수복'이 이성계의 쿠데타로 좌절되고 죽음을 당해야 했던 일이 내게는 원통하게 느껴졌다. 최영 장군이 임종 시 "내가 만약 탐욕의 마음이 있었으면 내 무덤에 풀이 날 것이고 그렇지 않으면 풀이 나지 않을 것"이라고 한 말과 무덤에 정말 풀이 자라지 않았다는 이야기는 자부심으로 다가왔다.

— 자신을 엄마로, 남편을 아빠로 동일시한 여자 —

프랑스의 심리학자 쉬첸베르제(Anne Ancelin Schützenberger)는 "한 가족의 무의식 속에 자리한 비극적 사건의 상흔이 때로는 수백 년 넘게 지속된다. 이것은 후대 자손의 가족 안에서 질병, 사고 혹은 자살 기도와 같은 것을 일으킬 수 있다."고 하였다. 실제로 그녀는 프랑스 대혁명 때 비극적으로 죽었으나 제대로 추모되지 못한 조상들과 강하게 얽혀 있던 한 청년을 상담 치료하기도 했다.

최영 장군은 지금으로부터 600여 년 전 사람이다. 긴 시간이 흘렀음에도 불구하고 쉬첸베르제의 말처럼 내가 만약 최영 장군의 불행한 운명을 무의식적으로 동일시했다면 크게 세 가지 증상이 나타날 수 있다. 먼저, 최영 장군의 억울한 죽음과 고통을 무의식적으로 내 안에 받아들여 가상의 부정적인 감정을 느끼며 고통스러워할 수 있다. 둘째, 최영 장군의 국토 수복에 대한 꿈을 내 인생의 숙명으로 받아들이고, 이를 위해 무언가 내가 할 수 있는 일을 찾을 것이다. 셋째, 정신분열을 비롯한 심각한 정신병에 걸리는 것이다. 헬링어가 말하기를, "비극적인 죽음과 살해를 경험한 가족 안에서 발생할 수 있는 얽힘의 대표적 증상이 정신분열"이라고 하였다.

칼 융을 비롯한 심층심리학자들과 헬링어에 따르면 우리에게 가족은 "영혼의 공동체"이다. 같은 집에 살며 많은 것을 공유하고 살아간다. 마음속 깊은 내면마저도 공유한다. 가족 안에는 그 가족만이 공유하는 '집단 무의식'이 존재한다. 가족의 집단 무의식은 그 가족이 오랜 세대를 통해 공유하고 있는 정보들뿐만 아니라 해소되지 않은 아픔과 상처를 담고 있다. 이에 대해 정신분석가 솔(Leon J. Saul)은 "정서적인 문제는 서너 세대에서 그치지 않고 그 가족사 안에서 전이된다."고 말한 바 있다.

그런가 하면 헬링어는 "가족사에서 누군가의 삶을 동일시하게 되는 원인이 불행한 삶을 살았던 사람에 대한 공감이나 동정"이라고 말한다. 프로이트 역시 "동일시는 공감과 연민을 통해 만들어지며 사랑의 행위는 동일시를 통해 이루어진다."고 말한다. '타인을 사랑하고 그들에 대해 책임감을 느끼는 것'은 성숙한 인격의 특징이다. 사람은 어린 시절에 경험한 부모의 사랑과 책임감, 이때 맺은 친밀한 부모 자녀 관계가 기본이 되어 타인들과도 이와 같은 관계를 계속 이어 간다.

가족 안에서 동일시를 통해 얽힘이 일어나려면 무엇보다 가족 안에서 트라우마가 발생해야 한다. 고통, 아픔, 불의함, 억울함, 비탄 등과 같은 부정적인 감정을 불러일으킬 트라우마가 발생했을 때 사랑의 소중한 능력인 동일시가 오히려 불행을 불러오게 된다.

* * *

헬링어는 삼십 대 초반의 한 여성을 상담하였다. 그녀는 매일 클럽에서 밤을 샜다. 거기서 남자들과 문란한 성관계를 맺고 아침에 귀가하여 남편에게 전날 밤에 있었던 일을 들려주곤 하였다. 놀랍게도 아내의 이런 행동을 남편은 묵인해 주었다.

헬링어는 상담을 통해 그녀의 이런 행동에 가족의 얽힘이 있음을 발견하였다. 그녀는 어렸을 적에 여름방학 때마다 어머니와 함께 시골 할머니 댁에 내려가 있다가 방학이 끝나면 집으로 돌아왔다. 당시 아버지에게는 여자 친구가 있었고 여름마다 휴가를 내어 그 여자 친구와 함께 집에 와 살았기 때문이다.

어머니는 시골로 딸을 데리고 내려가면서, 정확하게 말해 '비켜 주면서' 남편이 여자 친구와 함께 집에 머무는 동안 불편하지 않도록 세심하게 준비해 주었다. 그리고 방학이 끝나고 집에 돌아와 마치 아무 일도 없었다는 듯 살았다. 어머니는 가정을 지키기 위해 남편의 그런 행동을 묵묵히 받아 주었다. 하지만 그녀는 아버지에 대해 엄청난 분노와 적개심을 품게 되었다. 이해할 수 없는 부모의 결혼 생활을 보며, 가족들에게 엄청난 희생을 요구한 아버지에 대한 분노를, 어머니를 대신해서 자신의 남편에게 풀었던 것이다.

정신분석가 솔은 "아버지에 대한 딸의 적개심은 남자에게 향하게 된다."고 말했다. 즉 아버지와 달리 성공하지 못하고 잘생기지 않은, 즉 단정하지 않거나 건강하지 않은 남자를 선택하여 복수를 한다는 것이다. 이 여성은 남편을 아버지와 동일시하였고, 아버지에게 분노와 적개심을 가졌으나 표현하지 못했던 어머니와 자신을 동일시하였던 것이다.

— 죽은 아이에 대한 죄책감으로 남편을 멀리한 아내 —

가족 중 누군가에게 불행한 일이 생기면 이 불행은 동일시를 통해 당사자만의 불행이 아니라 가족 전체의 불행이 된다. 불행한 운명을 살아야 했던 가족의 감정과 고통을 자신의 것으로 받아들이기 때문이다. 그런 이유로 가족 중 누군가에게 트라우마를 일으키는 사건이 발생하면 그로 인해 불행을 겪는 가족을 보면서 나머지 가족들도 깊은 죄책감과 수치심을 갖게 된다. 헬링어는 "심리적인 원인으로 나타나는 질병들은 죄책감의 속죄에서 비롯된다."고 말한다. 홀로코스트의 생존자 중 상당수는 고통스러운 수용소 생활에서 벗어난 뒤에도 수용소에서 비참하게 죽은 가족과 자신을 동일시하면서 자신의 삶을 제한했다. 자기를 마음의 수용소에 가두고 고독과 절망 속에 살도록 내버려 두었다. 그들은 자신이 살아남은 것이 기뻤지만, 죽은 사람들 생각에 죄책감을 떨칠 수가 없었고 어떻게든 속죄를 하고 싶어 했다.

* * *

결혼 생활 10년 차인 사십 대 초반의 부부가 상담을 받으러 왔다. 남편은 최근 2년 동안 아내와 잠자리를 한 번도 하지 못했다며 아내에 대해 불만을 토로하였다.

"아내가 왜 나를 거절하는지 모르겠습니다. 처음에는 아내에게 남자가 생긴 줄 알고 배신감도 느끼고 엄청 마음이 힘들었어요."

아내가 잠자리를 거절하면 그는 외박을 하기도 하고 술을 과하게 먹기도 하고 폭언을 퍼붓기도 하고 어떤 식으로든 아내에게 복수를

했다. 이것은 아내에게 상처가 되었고, 그러면 그럴수록 잠자리를 함께하기는 더욱 어려워졌다.

나는 부부에게 2년 전에 무슨 일이 있었는지 물었다.

"아이를 낳았는데, 태어난 지 1개월 만에 죽었습니다. 태어나자마자 의식을 잃었고 생명 유지 기구로 겨우 숨을 유지하다가 세상을 떠났습니다."

아이를 잃은 일은 부부에게 큰 상처로 남았고 특히 아내는 견딜 수 없어 했다. 그 일이 있은 후 아내는 남편과의 관계뿐 아니라 모든 대인 관계를 거부하였다.

심리학적인 측면에서 그러한 아내의 행동은 아이를 지켜 주지 못한 것에 대한 강한 죄책감과 수치심으로 설명할 수 있다. 아내에게 얽힘이 일어난 것이다. 아내는 죽은 아이와 무의식적으로 연결되어 아이의 불행한 운명을 자기 안에 받아들였다. 그리고 스스로 자기의 삶을 제한하고 고립되어 외로움에 처하였다. 그렇게 함으로써 아이에게 속죄하고자 했던 것이다.

남편은 상담을 통해 그 일이 아내에게 얼마나 큰 고통이 되었는지를 이해하게 되었고, 아내에 대한 그의 공감은 아내가 죄책감의 고통에서 빠져나올 수 있게 해 주었다. 부부는 서로의 상처를 조금씩 보듬기 시작하였다.

죄책감의 속죄는 상담자가 상담 현장에서 만나는 복병이다. 그만큼 문제를 진단하기 어렵다.

* * *

칼 융은 심각한 우울증으로 병원에 입원한 여성을 상담하였다. 그녀는 외모가 아름다워서 결혼 전에 남자들에게 인기가 많았다. 그중 대기업 사장의 아들이 그녀의 마음에 들어왔지만, 그는 워낙 인기 있는 남성이라 스스로 포기를 하고 다른 남자의 청혼을 받아들였다.

결혼 후 두 아이를 낳고 살고 있는데, 어느 날 친구가 와서 당시 그 대기업 사장의 아들이 그녀를 사랑했었다는 이야기를 들려주었다. 친구의 이야기는 그녀에게 큰 충격을 안겨 주었다.

그녀에겐 네 살 난 딸과 두 살 난 아들이 있었다. 두 아이를 냇가에 데리고 가서 씻기는 것은(당시 스위스 시골에는 수도 시설이 없어서 냇가에서 목욕을 시켰다.) 그녀의 일상이었다. 그날도 아이들을 데리고 냇가에 갔는데, 아이들이 스펀지를 입으로 물고 빨고 있는 것을 보고도 제지하지 않고 오히려 냇물을 마시게 버려두었다. 그녀의 행동은 지극히 무의식적인 것이었다. 그러나 그 결과 아이들은 장티푸스에 걸렸고 첫째인 딸이 죽음을 맞이했다.

융은 그녀에게 그 사건의 의미를 해석해 주었다. 그녀는 융의 해석에 동의하였고 놀랍게도 얼마 후 퇴원하였다. 융에 따르면 그녀는 무의식적으로 결혼 생활 이전으로 돌아가고 싶어 했고, 여기에 걸림돌이 되는 아이들을 제거하려 하였다. 하지만 실제로 아이가 죽자 죄책감을 감당하지 못해 스스로 죽은 아이의 운명을 뒤따르려고 하였다. 그녀의 속죄는 우울증과 병원 입원으로 이미 시작된 것이었다.

— 두 번의 낙태가 불러온 자살 충동 —

얽힘을 유발하는 트라우마 사건에는 죽음과 관련된 것이 많다. 우리의 삶에서 가장 큰 고통은 아마도 사랑하는 사람을 잃는 고통일 것이다. 사랑하는 사람의 죽음이 너무나 안타까워서 도저히 받아들이지 못할 때는 연민과 공감을 통해 동일시가 일어나기도 한다. 이에 대해 가족치료사 사티어는 "가족 중 죽은 사람은 가족들의 기억 속에 평생을 생생하게 살아 있으며, 어떠한 이유에서든 죽음이 받아들여지지 않았다면 현재 가족 안에 대단히 부정적인 영향을 미친다."고 하였다. 또 "가족의 죽음을 받아들이면 가족의 고통, 즉 얽힘은 발생하지 않는다."고 하였다.

가족에게 불행한 일이 일어나면 그에 대한 죄책감으로 속죄 욕구가 생기고, 여기서 정신적, 신체적 증상이 나타난다. 그런 증상을 겪고 있는 가족일수록 더욱 존중하고 수용해 주어야 한다. 그리고 그에게 가족의 얽힘에 의한 동일시 과정이 나타났음을 인지시키고 거기서 벗어날 수 있게 해 주어야 한다.

* * *

삼십 대 후반의 은정 씨가 이유를 알 수 없는 자살 충동으로 상담을 받으러 왔다. 그녀는 결혼 생활이 9년째인데 그동안 남편과 크게 다툰 일도 없고 자녀들과도, 시댁과도, 친정과도 아무 문제가 없었다. 큰 사고나 힘든 일을 겪지도 않았다. 그것은 그녀의 어린 시절을 뒤져 봐도 마찬가지였다.

하지만 그녀는 분명히 자살 충동을 느끼고 있었다. 상담을 통해 그녀가 결혼 초기에 의사의 권고로 부득이하게 두 번 낙태를 한 사실을 알게 되었다. 헬링어에 따르면 "낙태는 얽힘의 중요한 한 원인"이다. 그러나 모든 여성들에게 해당되지는 않는다. 건강하지 못한 임신이었고 어쩔 수 없는 낙태였지만, 은정 씨는 죄책감을 강하게 느끼고 있었다. 그녀의 자살 충동은 태어나지 못하고 하늘로 올라간 두 생명에 대한 무의식적인 속죄의 마음에서 비롯되었던 것이다.

그녀에게 이러한 사실을 깨우쳐 주자, 그녀는 두 생명을 마음으로 애도하며 얽힘에서 벗어나게 되었다.

은정 씨와 같은 속죄의 문제를 안고 있는 사람들은 대부분 불행한 죽음과 태어나지 못한 생명을 충분히 애도하지 못했다. 충분하지 못한 애도는 죽은 사람을 마음속에서 떠나보내지 못하고 과거에 묶여 살아가게 한다. 미안함과 후회, 슬픔과 원망을 가슴에 품고 살면서 무의식적으로 죽음을 갈망하는 것이다.

가족에게 트라우마를 일으킨 과거의 사건을 흘려보내기 위해서는 억압된 감정을 온전히 표현할 수 있어야 한다. 그래야만 가족의 얽힘과 불행한 가족과 나를 동일시하는 고통에서 벗어날 수 있다. 그러기 위해서는 가족의 존중과 이해가 필요하다.

세상에 나 혼자라고 느낄 때

가끔 세상에 나 혼자라고 느낄 때가 있다. 숨 가쁘게 돌아가는 현대 사회 속에서 앞만 보고 달려가다 보면, 가족은 때로 귀찮은 존재가 되고 인생의 걸림돌처럼 느껴진다. 그러나 우리는 천상천하유아독존(天上天下唯我獨尊)이 아닌, 가족이라는 공동체의 한 일원으로 존재한다는 사실을 잊지 말아야 한다.

칼 융은 "우리의 내적인 평안과 만족은 대부분 가족과 또 현재의 덧없는 상황과 조화를 이루고 있는지에 따라 좌우된다."고 말한다. 가까운 예로, 가족과 단절된 사람은 현재의 가족 문제에 얽히지 않아 금전적으로나 심리적으로 이득을 취할 수 있지만, 생각지도 않은 복병인 내면의 문제를 가질 수 있다. 따라서 우리에게는 가족과의 연결고리를 통해 연대 의식, 소속감, 정체성 등을 확인하며 자신의 존재감과 함께 내면적인 안정감을 찾는 일이 매우 중요하다.

중년이 되면 많은 사람들이 그동안 잊고 살았던 자신의 뿌리에 관심을 갖는다. 그 또한 우리 자신의 존재감 확인과 안정에 대한 욕구에서 비롯된 무의식적인 노력이다. 우리는 모두 자신의 가족이 무의식적으로 공유하고 있는 카르마를 의식화하는 동시에 우리의 삶에서 그것을 내려놓아야 하는 과제를 안고 있다.

4부

"나와 가족을 보듬다"

우리가 겪은 상처는 안타깝게도 완전히 '해결'되는 것이 아니다. 우리 안에는 그로 인한 아픔이 남아 있다. 이미 벌어진 상처를 되돌릴 수도 없고 기억을 지울 수도 없다. 하지만 상처에 대한 우리의 기억은 지극히 주관적이다. 그러하기에 어떤 상처를 갖고 있는가보다 그 상처를 어떻게 보고 있는가가 더 중요하다.

상처를 바라보는 시선의 변화를 통해 우리는 우리 자신을 공감하게 될 것이다. 그리고 우리에게 깊은 상처를 준, 복잡하게 뒤엉킨 실타래 같은 가족의 불행을 치유하고 회복하는 힘이 무엇이며 어떻게 우리 가족이 회복해 갈 수 있을지 만나게 될 것이다.

혼자가 아닌 함께여서 더 외로운 남과 여

"너무 많은 부분을 혼자서 간직하려 한다면 순식간에 내면에 장애물들이 쌓이고, 그것들은 우리를 외롭게 만들어 정서적 이혼으로 이끌 수 있다."

— 버지니아 사티어(Virginia Satir)

"교수님, 정말 외로운 것이 무엇인지 아세요? 그것은 혼자 있을 때가 아니에요. 사랑하는 사람과 함께 있는데, 도대체 전혀 말이 안 통할 때에요."

한 여성이 상담 중에 한 말이다. 나는 이 말에 깊이 공감했다. 우리가 진짜 외로울 때는 혼자 있을 때가 아니다. 사랑하는 사람, 소중한 가족과 함께 있지만 전혀 소통이 되지 않을 때 우리는 큰 외로움을 느낀다.

소통의 문제를 가진 가족은 몸과 얼굴에 고통이 묻어난다. 늘 화가 나 있고 우울하고 슬퍼 보인다. 그렇지 않으면 무표정하거나 가면처럼 억지웃음을 짓고 있다. 몸은 경직되어 있고 허리는 꾸부정하다.

눈은 상대를 쳐다보지 못하고 시선을 피하거나 아래를 향한다. 목소리는 지나치게 가라앉아 있거나 거칠다. 대화의 문제를 갖고 있는 가족일수록 그 문제를 언어로 표현하지 못하고 무의식적으로 얼굴과 몸으로 표현한다.

일찍이 정신분석학자들은 언어를 완전히 익히지 못한 아이들을 치료하면서 언어를 주로 사용하는 기존의 치료 방식을 바꾸어야 하는 문제에 부딪혔다. 프로이트의 딸인 안나 프로이트(Anna Freud)나 멜러니 클라인(Melanie Klein) 같은 이론가들은 아이들이 자기의 내면을 표현할 수 있는 방법으로 언어 이외에 장난감이라는 도구를 사용할 수 있다는 사실을 발견했다. 그리고 아이들이 자기표현에 사용할 수 있는 다양한 놀이들을 발전시켰다. 진흙, 블록, 나무, 털실 뭉치 등을 가지고 노는 놀이가 그것이다. 그리고 이 놀이는 오늘날 '놀이 치료'로 발전하였다. 아이들에게 장난감이 자기 내면을 드러내는 도구였듯, 우리의 얼굴과 몸은 우리 내면을 비쳐 주는 거울이다.

— 태생적으로 소통이 어려운 남자와 여자 —

가족치료사 사티어는 "남녀 사이의 소통 문제는 단지 기술적 차원이 아니라 내면세계와 밀접하게 연결되어 있다."고 말한다. 또 칼 융은 "두 남녀가 대화를 할 때 내면에서 작동되는 요소를 '아니마'(anima)와 '아니무스'(animus)라고 하며, 이것들은 우리의 자아와 내면세계를 연결하는 기능을 한다."고 말한다. 아니마는 남성 내면에 있는 여성적인 모습이며 아니무스는 여성 내면에 있는 남성적인 모습이다. 남녀 사이에 소통이 안 되는 이유를 융은 아니마와 아니무스의 문제라고 보았던 것이다. 따라서 남자와 여자가 소통하는 법을 배우려면 각자 내면에 있는 아니마와 아니무스와 화해해야 한다.

인간의 정신에는 이렇듯 양성성(androgyny)이 존재한다. 『주역』에 드러난 음양의 원리를 보더라도 인간의 정신은 남성성과 여성성을 함께 갖고 있다.

여성의 남성적인 부분이나 남자의 여성적인 부분은 각자의 부족한 인격을 보충해 주는 긍정적인 면을 갖고 있다. 그러나 여성 안에 있는 아니무스는 부정적인 부분도 갖고 있다. 아니무스는 냉정하고 융통성 없고, 지나치게 엄격한 도덕적 판단을 내리고 거칠고 상당히 불쾌한 공격성을 갖고 있다.

오래전에 여성의 모성 본능에서 나오는 뛰어난 이해력과 공감 능력, 따뜻함, 감성, 배려 등의 능력 대신에 남성성을 개발시킨 여성 CEO를 만난 적이 있다. 그녀는 남성을 능가하는 단호함, 합리성, 추진력을 갖고 있었지만, 동시에 아니무스의 부정적인 측면인 사납고 공격적이며 다른 사람을 무시하는 모습을 갖고 있었다. 그녀가 지나치게 아니무스만을 강조하고 살면 그녀의 삶은 균형을 잃고 여성 본연의 소중한 자원을 잃어버릴 수 있다. 하지만 그녀가 자기 안에 본래적인 여성성과 반대되는 남성성을 적절하게 일상생활에 편입시키게 되면 더 훌륭한 인격을 갖게 될 것이다.

마찬가지로 남자 안에 있는 여성성인 아니마도 부정적인 측면을 갖고 있다. 부정적인 아니마는 열등감을 갖고 있고 우울하고 잘 토라지고 삐치며 골을 잘 내는 감상적인 여자의 모습으로 나타난다. 이런 남자는 어떤 상황에 부딪쳤을 때 쉽게 객관성을 잃어버리고 조그만 마음의 상처에도 예민하게 반응하여 복수하려고 한다.

아니마와 아니무스가 자극을 받아 서로 싸움을 하게 되면 소통에 문제가 생긴다. 그런데 이때 대부분의 남녀는 이것을 소통의 문제로 생각하지 않고 자기를 무시하거나 거절한 것으로 받아들인다. 이러한 상황은 가정에서도 흔히 볼 수 있다. 아내의 입에서 아니무스의 거친 말이 나오면 남편의 아니마는 격분하고, 둘은 한바탕 싸움을 하는 것이다.

칼 융은 "여자가 잔소리를 했을 때 남자가 우울하고 언짢아지는 것은 남녀 두 사람 사이의 대화라기보다 아니마와 아니무스 간의 전쟁"이라고 말한다. 부정적인 아니무스에 사로잡힌 여자는 남자의 약점과 실수를 지적하고 잔소리를 함으로써 남자에게 죄의식, 패배감, 열등감을 심어 주고 남자가 부정적인 아니마에 사로잡히게 만든다. 그러면 그럴수록 남자와 여자의 소통은 뒤엉키게 되고, 부정적인 아니마와 아니무스가 강화되는 악순환에 빠진다.

— 결혼 2년 만에 파경 위기를 맞은 부부 —

* * *

결혼 2년 만에 이혼 위기를 맞은 삼십 대 중반의 부부가 상담실을 찾아왔다. 남편은 아내와의 이혼을 강력하게 원한다고 하였다.

상담을 진행하면서 점잖다 못해 어찌 보면 여성스럽기까지 한 남편이 그렇게 단호하고 잔인한 말을, 그것도 아내를 앞에 두고 할 수 있다는 것에 나는 크게 놀랐다.

그에 반해 아내는 남편이 좋아서 이혼을 망설이는 것은 아니지만 왜 그들 부부가 여기까지 왔는지, 왜 자기가 남편에게 사랑받지 못하게 되었는지 모르겠다며 그 이유를 알고 싶어 하였다. 그녀는 사랑받는 여자가 되고 싶다고 하였다. 자기는 이것을 도저히 포기할 수 없으며, 이것이 지금의 남편에게서 이루어질 수 없는 거라면 다른 남자를 만나서라도 그렇게 되고 싶다고 하였다.

나는 사랑받는 여자가 된다는 것이 무엇인지를 물었다. 그녀는 "비밀과 아픔을 공유하고 서로 이해해 주면서 사는 것"이라고 대답하였다. 아내는 남편과 모든 것을 공유하는 그런 부부 관계를 꿈꾸었다. 하지만 남편은 "자기만의 비밀은 각자 묻어 두고 살아야지 굳이 말할 필요가 없다."고 말했다. 냉정한 눈으로 보면 두 부부는 그저 생각이 달랐을 뿐이다. 그러나 아내는 남편의 말을 '사랑할 수 없다'는 의미로 받아들였다.

부부는 상대방이 자기의 말을 이해하지 못할 뿐 아니라 자기를 거부한다고 느끼면서 실망과 고통에 빠졌고 서로가 서로에게 더욱 공

나리

격적이 되었다. 아내는 점점 더 화를 많이 내고 남편을 비난했으며, 남편은 우울해하고 토라진 채 그녀를 멀리하였다. 남편의 그와 같은 태도는 아내에게 더욱 상처를 주었으며, 남편은 지쳐서 결국 아내에게 이혼을 요구하기에 이르렀다.

이처럼 부정적인 아니마와 아니무스는 여자와 남자의 생각을 지배하고 무엇보다 감정을 지배하여 격렬한 감정에 휩싸이게 한다. 그렇게 두 사람의 감정이입 능력은 훼손되고 소통이 차단되어 서로를 고립시킨다.

— "입장 바꿔 생각해 봐!" —

부부간에 잘못된 소통의 문제는 나의 관점이 아닌 상대방의 관점에서 바라볼 때 비로소 회복될 수 있다. 남녀 간 소통의 문제에는 심리학의 '관점 바꾸기'(perspective-taking) 기법이 필요한 것이다.

그리고 이러한 관점 바꾸기 기법의 바탕에는 '감정이입'이 있다. 일전에 TV에서 한 외환딜러의 인터뷰를 보았다. 그는 외환시장은 여자의 마음과 같아서 도저히 종잡을 수가 없다고 말했다. 나는 그의 말을 들으면서, 외환시장은 모르겠지만 여자의 마음을 알 수 있는 방법이 있다고 말해 주고 싶었다. 그것은 바로 여자에 대한 감정이입이다.

사티어가 말하길 "너무 많은 부분을 혼자서 간직하려 한다면 순식간에 내면에 장애물들이 쌓이고, 그것들은 우리를 외롭게 만들어 정서적 이혼으로 이끌 수 있다."고 하였다. 남녀가 서로 관점 바꾸기나 감정이입을 통해 서로를 이해하고 공감한다면 어떤 장애물도 허물어질 수 있을 것이다.

또 우리 내면에서 올라오는 아니마와 아니무스가 서로 싸우지 않도록 하기 위해서도 공감하고 이해하려는 노력이 필요하다. 그러면 어떤 노력을 어떻게 해야 할까? 먼저, 자기 내면을 면밀하게 들여다보아야 한다. 그렇지 않으면 아니마와 아니무스 같은 무의식이 우리를 괴롭힐 수 있다. 다음으로, 우리의 내면에서 정신적으로 좀 더 높은 가치를 추구하여 아니마 또는 아니무스가 긍정적인 역할을 수행하도록 해야 한다. 그리고 이 모든 과정은 스스로에게 질문을 던지는 일로부터 시작된다. 우리 자신에게 던지는 질문을 통해 우리는 자신의 내면을 만나게 되고, 내면과 대화를 하면서 타인과의 소통 문제며 나 자신의 문제에 대한 답을 찾게 될 것이다.

공감의 부재가 가져온 가족의 불행

문득 '나는 아들과 대화를 하고 공감을 해 주는 아빠인가?' 하는 생각이 들었다. 그날 밤 아내에게 물으니, "밖에서 남의 집 자식들 공감하고만 다니지 말고 우리 집에서도 좀 해 보지!"라는 핀잔이 돌아왔다.

요즈음 상담실에 오는 남자들이 부쩍 늘었다. 학교생활을 잘하다 갑자기 공부를 포기한 고등학생, 힘들게 들어간 대학교를 그만두기로 마음먹은 대학생, 취직에서 계속 고배를 마시는 청년, 회사 생활이며 인간관계에서 어려움을 겪는 이삼십 대 남자들이 상담실에 넘쳐 나고 있다. 물론 대부분 어머니에게 이끌려서 온다. 내 아들뻘이나 조카뻘 되는 이 젊은 남자들을 상담하면서 나는 이들에게 문제 해결을 도와주는 상담자라기보다 인생의 멘토 역할을 할 때가 많다.

사실 나를 찾는 대부분의 사람들은 심각한 정신질환자가 아니다. 학교 또는 사회에 잘 적응하지 못하고 자신들이 가진 재능과 능력을 알지 못하거나 어떻게 살아야 할지 잘 모르고 있을 뿐이다.

이 젊은 남자들을 상담하면서 나는 그들이 가진 공통된 문제점을 발견하였다. 그것은 아버지의 부재였다. 그들의 아버지는 사회적으로 성공했거나 적어도 주변 사람들로부터 인생을 열심히 살았다고 인정받는 이들이었다. 사회에서나 가정에서나 '괜찮은' 아버지들인 경우가 많았다. 그런데 정작 그들의 아들에게는 아버지가 부재했다.

그러던 어느 퇴근길, 문득 '나는 내 아들과 대화를 하고 공감을 해주는 아빠인가?' 하는 생각이 들었다. 그날 밤 조용히 아내에게 물으니, "밖에서 남의 집 자식들 공감하고만 다니지 말고 우리 집에서도 좀 해 보지!"라는 핀잔이 돌아왔다.

아들과의 공감 어린 대화는 나 또한 의식적으로 노력해야 할 부분이다. 가만히 돌아보니 나의 어린 시절에도 아버지와 살가운 대화를 한 적이 없었고, 오히려 어른이 되어서야 짧으나마 대화다운 대화를 할 수 있었던 듯하다.

— 공감 받지 못한 아이 —

여러 인간관계 중에서 가장 큰 상처는 부모와 자녀 사이에서 생겨난다. 자녀에게 괴로움이 되는 아버지의 말과 행동에는 비난, 무시, 손찌검… 그리고 그중 제일은 대화의 단절로 인한 괴로움이다.

부모와 자녀 간 대화의 단절은 부모가 자녀에게 가할 수 있는 최고의 형벌이다. 대화의 단절은 자녀로 하여금 부모에게서 공감을 얻을 수 있는 기회를 박탈한다. 그것은 곧 자녀에게 정신적 단절과 함께 인간관계에서의 좌절을 경험하게 한다. 심한 경우 아들은 감정의 발달이 거의 멈출 수 있다. 대개는 타인의 감정에 공감하는 능력이 떨어지고 사회적 관계를 형성하는 데 어려움을 겪는다.

일찍이 심리학자 장 피아제는 "아이들은 사회적 관계를 수립하기 위해 다른 사람의 마음을 읽는 공감의 능력을 발전시키게 된다."라고 말했다. 남자 아이들은 또래 집단 안에서 서열을 매기고 관계를 만들어 나간다. 이때 자연스럽게 그러한 관계를 이루기 위한 첫 번째 조건이 '공감'이다.

공감은 다른 사람의 감정을 이해하고 공유하는 능력이다. 공감은 보통 다음과 같이 형성된다. 대화를 할 때 상대방에게 감정이입을 하면 상대방은 자신이 이해받는다고 느낀다. 그러면 두 사람 간에 신뢰가 쌓인다. 타인의 감정을 정확히 파악하고 그에 대해 공감할 수 있는 능력으로 상대방이 표현하는 것에 주파수를 맞출 수 있다. 그 순간 별개였던 두 사람은 감정적으로 연결이 된다.

미국의 저명한 심리학자인 대니얼 골먼(Daniel Goleman)은 『SQ 사회지능(Social Intelligence)』에서 "오늘 우리에게는 지능, 감성지능뿐 아니라 사회지능이 필요하다."고 말했다. '사회지능'은 골먼에 앞서 에드워드 손다이크(Edward Thorndike)가 사용한 말이다. 그는 사회지능을 일러 "남자와 여자를 이해하고 다루는 기술"이라고 정의하였다. 그러나 오늘날은 사람들과 어울려 살아가는 데 필요한 능력인 '사회성'으로 통한다. 그리고 이 사회지능에서 가장 중요한 능력이 바로 공감이다.

부모와의 사이에서 공감 능력을 키우지 못한 아이들은 어른이 되어서도 다른 사람의 감정을 잘 헤아리지 못한다. 문제는 더 있다. 타인의 감정뿐 아니라 자기 자신의 감정조차 헤아리지 못하는 것이다. 그들은 자신의 의견이나 요구, 욕구를 제대로 표현하지 못하고 하루하루를 살아간다.

— 공감 능력이 없는 어른 —

정신분석가 스캇 펙(Scott Peck)은 "어린 시절의 상처는 자기 자신을 늘 못살게 괴롭히는 신경증 환자가 되게 하거나 자기 이외의 사람들을 못살게 괴롭히는 성격장애자가 되게 만든다."고 말했다. "더욱이 이러한 성격장애자들이 제일 못살게 구는 대상은 바로 그들의 아이들"이라고 하였다.

스스로를 지나치게 자책하고 수치스러워하는 이들은 자녀에게 사랑을 줄 수는 있지만 그 사랑은 대체로 균형 잡힌 사랑이라기보다는 과잉 사랑인 경우가 많다. 그런 데다 일관성이 부족하여 어느 때는 넘치는 사랑을 보여 주지만 다른 어느 때는 사랑을 전혀 보여 주지 않아서 자녀를 불안하게 한다. 또 이들은 대개 남에게 책임을 전가하는 성격장애를 가지고 있어서 자신도 모르게 자녀를 냉정하고 비참하게 대한다. 이러한 부모 밑에서 자란 아이는 스스로를 사랑받을 가치가 없는 존재로 여기며 평생을 살아갈 수 있다.

우리 사회에서 이해할 수 없는 각종 범죄와 문제를 일으켜 주변 사람들에게 상처를 주는 사람들은 대부분 성격장애를 앓고 있는 경우가 많다. 신경증을 가진 사람은 자신의 잘못을 과대 포장하여 생각하기 때문에 적어도 타인에게 상처는 주지 않으려 한다. 그러나 성격장애가 있는 사람에게 자신의 문제와 위기는 언제나 '다른 사람 탓'이다. 이 경우 자신은 편할 수 있으나 주변 사람들이 고통을 받게 된다. 상담실에 찾아오는 사람들 중에는 스스로 책임을 지려 하지 않고 남 탓만 하는 이기적인 사람들로 인해 받는 고통을 호소하는 사람들이 많다.

자기심리학의 선구자인 코헛은 이런 성격장애의 원인을 "공감의 결핍"에서 찾는다. 어린 시절 공감 경험을 충분히 하지 못한 아이들이 이기적이고 삐뚤어진 성격을 갖게 된다는 것이다.

우리가 나와 다른 방식으로 생각하고 느끼고 판단하는 다른 모든 사람들과 함께 살아갈 수 있는 것은 공감 능력 덕분이다. 비록 상대와 똑같은 감정을 느끼진 않지만 그의 기분이 어떤지, 입장이 어떤지, 어떻게 생각하는지 헤아릴 수 있고 이것이 서로 간에 소통을 가능하게 만든다.

그러나 공감 능력이 크게 떨어지면 다른 사람의 입장과 처지, 생각과 감정을 잘 헤아리지 못해서 가족 관계는 물론 대인 관계에서 힘든 일을 많이 일으킨다. 남편에게 부인이 원하는 것, 아버지에게 자녀가 원하는 것은 매달 통장에 찍히는 월급과 안락한 집만이 아니다. 그들은 감정적 유대를 원한다. 아내는 늘 사랑받지 못한다고 느끼며 외로워할 것이다. 아이들도 마찬가지다. 냉정하고 무관심하며 고립된 채 살아가는 아버지는 외형적으로 분명한 갈등을 일으키지 않더라도 가족 모두에게 큰 고통을 안겨 줄 수 있다. 더욱이 이런 부모 밑에서 성장한 이들은 자신이 어떤 문제로 힘들었고 어떤 결핍을 갖고 있는지 모른 채 자신의 아버지와 똑같은 실수를 하며 살아갈 수 있다.

— 공감의 부재가 불러온 남녀의 이별 —

* * *

얼마 전 상담실을 찾아온 남자는 결혼을 앞둔 여자 친구와의 갑작스런 이별로 큰 상처를 받았다고 했다. 지금도 괴롭다며, 하지만 도대체 여자 친구와 자기 사이에 뭐가 문제였는지 알 수가 없다고 토로하였다.

두 사람은 결혼을 앞두고 알콩달콩 행복한 시간을 보내고 있었다. 그러던 어느 날, 그간 간직해 온 서로의 비밀을 하나씩 털어놓기로 하였다. 여자 친구는 아주 조심스럽게 자신이 초등학교 때 낯선 아저씨에게 성추행을 당한 이야기를 했다. 이 이야기를 다 듣고 난 남자는 “그때 너는 느낌이 어땠어?”라고 물었다. 그러자 여자는 두말도 없이 그 자리에서 일어나 이별을 통보했다.

그들이 헤어지게 된 이유는 금세 알 수 있었다. 그것은 ‘공감의 부재’ 때문이었다. 여자 친구의 이야기를 듣고 남자가 “많이 힘들었겠구나."라고 말했다면 상황은 아주 달라졌을 것이다. 여자는 남자 친구로부터 "그때 너는 느낌이 어땠어?"라는 말을 듣고 자기가 사랑하는 사람이 자신을 전혀 이해하지 못하고 있을 뿐만 아니라 아주 형편없는 남자라고 생각했을 것이다.

'공감'은 남녀 관계에서뿐 아니라 결혼 생활에서도 행복을 위한 열쇠이다. 결혼한 지 1~2년 된 부부 중 서로의 감정에 잘 공감하는 부부는 결혼 생활에 대한 만족도가 높고 결혼 생활이 오래 지속될 가능성이 매우 높다.

그러나 우리 주변을 둘러보면 몇 년 새 이혼을 하는 부부들이 참 많아졌다. 이혼율의 가파른 상승으로 전 세계에 가족치료 붐이 일었을 정도이다.

가족치료에서 무엇보다 중요한 것은 '공감'이다. 가족이 서로의 입장에서 생각하고 이해하고 공감할 때, 서로의 허물을 덮어 주고 용서하고 한 번 더 참고 살기로 마음먹게 된다. 공감의 한마디, 공감의 눈빛, 공감 어린 시선이 가득한 얼굴 표정이 깨어진 관계를 회복하고 비틀어진 의사소통에 변화를 가져오는 것이다.

— '공감의 결핍'은 '공감의 충족'으로 해결한다 —

스위스의 아동심리학자 앨리스 밀러(Alice Miller)는 "어릴 때 사랑하는 방법을 제대로 배우지 못하고 어른이 되면 자녀에게도 사랑과 보호를 제대로 해 줄 수 없다."고 말했다.

부모의 사랑이나 공감을 한 번도 받아 보지 못한 채 부모의 냉혹함과 무감각, 무관심, 무지에 부딪치고 그런 분위기에서 유년기와 청소년기를 보낸 사람들은, 자신의 아이들에게도 공감을 선물할 줄 모른다. 공감이 무엇인지 모르는데 어떻게 줄 수 있겠는가? 그럼에도 그 아이들은 살아남을 것이다. 그 아이들의 부모가 그랬듯이 말이다. 그 아이들 역시 자신이 한때 얼마나 큰 고통을 받았는지 기억하지 못할 것이다. 그러한 기억을 스스로 억압하거나 완전히 추방해 버렸기 때문이다.

자신이 배우자와 아이에게 얼마나 많은 상처를 주었는지 알려면 과거를 돌아보고 어린 시절 얼마나 많은 상처를 받았는지부터 깨달아야 한다. 이와 관련해 잠시 해리 할로우(Harry Harlow) 박사의 원숭이 이야기를 해 보자.

* * *

할로우 박사의 유명한 원숭이 애착 실험에 이용된 원숭이는 애착 문제에 있어 트라우마를 갖게 되었다. 나는 이러한 실험 영상이 담겨 있는 〈아기 성장 보고서〉 3편 '애착, 행복한 아기의 조건'을 보면서 원숭이 때문에 마음이 몹시 아팠다.

애착 실험을 위해 새끼 원숭이는 어미 원숭이와 떨어져 다른 우리에 있게 되었다. 그곳에는 칸막이를 사이에 두고 헝겊으로 만든 가짜 어미와 철사로 만든 가짜 어미가 있었다. 할로우 박사는 일부러 위기 상황을 만들어 새끼 원숭이가 어디로 달아나는지를 관찰하였다. 이 원숭이 실험이 발표되자, 할로우 박사는 많은 사람들로부터 비난을 받았다.

할로우 박사는 이 상처받은 원숭이를 치료하기 위해 애착 관계를 잘 형성한 치료자 원숭이를 우리에 넣었다. 치료자 원숭이는 어미와 애착 관계를 잘 형성하고 동료 원숭이들과도 건강한 관계를 유지하고 있는, 정서적으로 안정된 원숭이였다. 치료자 원숭이를 트라우마가 있는 원숭이 옆에 두자 신기한 일이 발생하였다. 상처받은 원숭이가 서서히 변화하는 것이었다. 치료자 원숭이와 정서적인 교감을 나누면서 트라우마가 있는 원숭이의 정서가 자연스럽게 안정되었다.

치료자 원숭이는 어미로부터 안정적인 공감을 받은 원숭이였다. 그리고 그 존재 자체로 상처 입은 원숭이에게 긍정적인 힘이 되었다. 이 실험은 큰 의미가 있다. 어린 시절 부모나 주변인들로부터 공감받지 못하고 자란 사람의 마음도 치유될 수 있다는 희망을 보여 준 것이다.

과거의 상처는 치유될 수 있다. 다만 우리에게도 치료자 원숭이처럼 안정된 정서를 가진 치료자가 필요하다. 공감의 끈을 놓지 않고, 현재의 나를 이해하고 보듬어 줄 사람이 필요한 것이다. 나는 상담 현장에서 많은 아내들과 남편들을 상담하면서 그들이 배우자에게 실망하고 분노를 느낄 때는 바로 상대방이 이런 역할을 해 주지 않을 때라는 것을 알게 되었다.

내담자 중심 상담의 선구자인 칼 로저스(Carl Rogers)는 "누군가가 내 말을 성의껏 들어 준다고 느끼면 당장 눈가가 촉촉해진다. 그것은 기쁨의 눈물이자 내 감정과 입장을 알아준 것에 대한 감사이다."라고 말했다. 우리는 공감을 통해 진정으로 감사와 존중의 감정을 갖게 된다. 마음속 깊은 곳에서 우러나는 감사는 우리의 오래된 상처를 치유하고 다른 사람에게도 그와 같은 감정을 옮길 수 있게 한다.

가족에게 공감하기, 그리고 변화하기

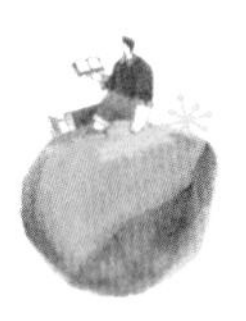

아들 녀석이 슬며시 다가와 나를 안아 주면서 이렇게 말했다. "아빠 마음 잘 알아. 반장 선거에서 떨어졌을 때, 나도 그랬어."

* * *

남편의 외도로 부부가 함께 상담을 받으러 왔다. 아내는 남편이 진심으로 용서를 빌고 다시는 외도를 하지 않겠다고 약속하면 용서할 수 있을 것 같다고 했다. 그러나 남편은 아내의 제안을 '해결'이 아닌 '자신을 비난하고 책망하는 말'로만 받아들였다. 그러고는 자신도 그런 아내 때문에 상처를 받았다며 아내를 반격했다. "나는 비록 외도를 했지만, 그래도 누구들처럼 가정을 버리지는 않았다!"면서.

아내 역시 그 말을 듣고 가만있지 않았다.

"당신은 여전히 변할 맘도 없고, 변할 사람이 아니야!"

남편은 다시 아내에게 그대로 돌려주었다.

"그래, 내가 원래 그런 인간인 줄 몰랐어?!"

부부는 수렁과도 같은 절망, 원망, 분노, 슬픔 속으로 빠져들어 가고 있었다.

그러나 두 사람 모두 이혼은 원치 않았다. 어떻게든 이 위기를 해결하고 싶어 했다. 부부의 위기를 해결하기 위한 방법은 두 사람 중 어느 하나가 눈을 감고 자신의 상처받은 마음을 외면하는 것이 아니다. 만약 영원히 외면할 수 있다면, 참을 수 있다면 이것은 '꽤 괜찮은' 방법이 될 수도 있다. 하지만 우리는 그런 존재가 아니다.

아내가 남편에게 진정한 사과를 요구한 것은 자신이 받은 상처를 알아 달라는 의미였다. 남편은 남편대로 자기의 외도가 정당하지는 않았지만 가정을 버릴 정도로 무책임한 행동은 아니었다는 것을 이해받고 싶어 했다.

지금까지 수많은 가족을 상담하면서 내가 알게 된 건, 진짜 문제는 트라우마를 일으킨 사건 그 자체라기보다는 자신의 트라우마에 대해 어떤 이해도, 공감도 받지 못했던 데 대한 절망과 슬픔이라는 사실이다.

— 여기, 내 상처 좀 봐 달라고! —

트라우마를 겪고 있는 사람들은 흔히 가장 가깝고 소중한 사람을 투쟁의 대상으로 삼는다. 가깝지 않은 사람들에게 이들은 매력적이고 괜찮은 사람일 수 있다. 그러나 가까운 사람에게는 그렇지 않다.

그들의 내면에 사랑하는 사람들을 통해 자신이 과거에 경험했던 상처를 해결하고 싶은 마음이 있기 때문이다. 그들은 자신이 사랑하는 사람들 앞에서 쉽게 감정이 격해지고 함부로 말하고 배려 없이 행동하며, 반드시 복수하려고 한다.

그들의 상처가 너무 크고 아파서 이러는 것이 아니다. 그들은 아마도 트라우마를 일으킨 사건이 일어났을 때 자신이 입은 상처에 대해 제대로 공감을 받지 못했을 것이다. 그래서 자신의 상처를 해결하려고 무의식적으로 그런 행동을 하고, 그러면서 또 다른 상처를 만들어 내는 악순환을 계속하는 것이다. 그리고 그 이면에는 자신이 소중하게 생각하는 사람들로부터 공감을 얻고 싶다는 욕구가 있다.

특히나 어렸을 적에 불행한 일을 겪으면 분노, 슬픔, 불안, 공포 등 수많은 부정적인 감정들이 내면에 자리 잡게 된다. 이런 감정들은 격한 상태가 지나고 나면 불행한 일에 대한 기억과 함께 양초의 촛농처럼 굳어 버린다. 그래서 이를 '양초 증후군'이라고 부른다.

불행한 일을 겪을 당시의 부정적인 감정들은 촛농처럼 그렇게 양초에 붙어 있다가 고통스러운 기억을 떠올릴 때마다 함께 따라온다. 그리고 현재에도 과거의 아픔, 슬픔을 계속 느끼며 과거의 시각에 매여 살게 한다.

과거에 편중된 시각을 바꾸기 위해서는 기억에 달라붙어 있는 감정들을 떼어 내야 한다. 양초에 열을 가해 촛농을 녹여 떼어 내야 한다. 이때 양초에 가하는 열은 '격한 감정 상태를 재연하는 것'이다. 불행한 일을 겪으면서 느꼈던 감정에 그만큼의 열을 가해 격한 상태를 만든 뒤 감정을 분리하는 것이다. 옛 감정들을 일시에 다 불러일으키면 그때만큼 긴장되고 힘들 수 있다. 그런 까닭에 안전하게 트라우마의 기억과 감정을 분리하기 위해서는 열 말고도 사랑하는 사람의 진심 어린 공감이 필요하다.

나 역시 트라우마까지는 아니지만, 사랑하는 사람의 진심 어린 공감에 마음을 풀었던 기억이 있다.

지난해에 있었던 일이다. 새 책을 출간하고 설레는 마음으로 독자들의 반응을 지켜보고 있을 즈음이었다. TV 뉴스를 보고 있는데, 그 주의 인문 분야 베스트셀러를 소개해 주었다. 내 책은 순위에 없었다. 당연히 그럴 것이라고 생각했지만 그래도 실망스러웠다. 그런데 그 순간 아들 녀석이 슬며시 다가와 나를 안아 주면서 이렇게 말했다.
"아빠 마음 잘 알아. 반장 선거에서 떨어졌을 때, 나도 그랬어."

아들이 건넨 말 한마디는 실망스러운 그 상황을 웃고 넘어갈 수 있게 내 마음을 어루만져 주었다.

— 가족 문제를 해결하려면 변화가 필요하다 —

가족 안에서 일어나는 문제를 해결하기 위해서는 무엇보다 먼저 '공감'이 필요하고, 그다음 단계로 '변화의 시도'가 요구된다. 무슨 변화의 시도냐고? 그것은 가족 문제를 해결하기 위한 방법에 변화를 시도하는 것을 말한다.

수렁에 빠진 여우를 한번 떠올려 보자. 수렁에서 빠져나오려고 버둥대면 버둥댈수록 여우는 수렁 속으로 더 빨리 빨려들어 간다. 살기 위한 몸부림이 위험을 더욱 가중시킨 것이다. 부부, 가족, 다른 모든 인간관계 문제도 마찬가지이다. 관계의 문제를 해결하려고 애를 쓰면 쓸수록 더욱 위험한 결과를 가져올 수 있다. 이런 경우에는 기존의 방식이 아닌 다른 방식을 찾아 문제를 풀어야 한다.

위기를 겪고 있는 가족은 각자 나름의 해결 방식을 갖고 있다. 그러나 큰 위기가 닥쳤을 때 이런 해결 방식은 전혀 도움이 되지 않는다. 특히 가족 중 누군가의 희생을 요구하는 방식으로는 문제를 풀기가 더욱 어렵다. 이때는 가족의 상호작용에 원인이 있을 거라 생각하고 잘 살펴보아야 한다. 가족체계의 환경적인 요인을 살펴보면서 퍼즐을 맞추듯 실마리를 찾아보아야 한다. 그러면 해결의 실마리를 찾을 수 있다. 새로운 해결 방법을 찾았다면 두 사람 중 누구라도 먼저, 아니면 둘이 함께 그것을 시도하면 된다. '변화의 시도'란 바로 이런 것이다.

그리고 그 결과 가족 중 누군가에게 변화가 찾아왔다면 그 변화는 가족 내에서 '변화의 잔물결'을 만들어 내고 가족 전체에 영향을 미칠 수 있다. 이것이 '잔물결 효과'(ripple effect)이다. 미국 스탠퍼드대학교 정신의학과 교수 얄롬(Irvin D. Yalom)이 말하기를 "가족 관계 안에 잔물결의 작용이 존재한다."고 하였다. 잔물결이란 우리 각자가 가족 안에서 부지불식간에 만들어 내는 영향력의 동심원을 말한다. 잔물결은 몇 년 또는 몇 세대에 걸쳐 가족 구성원들에게 영향을 미친다.

잔잔한 호수 위에 던져진 돌이 물결을 만들어 호수 전체로 영향을 주듯이 우리가 하는 일정한 행동은 가족 전체와 세대를 통해 이어진다.

— 우울증에 걸린 중년 여자의 제비꽃 —

가족치료에 큰 영감을 준 최면치료사 밀턴 에릭슨(Milton Erickson)은 "가족을 변화시키는 데에는 아주 작은 변화만으로도 가능하다."고 말한다. "마치 작은 눈덩어리가 굴러서 큰 눈덩어리가 되듯이 작은 변화가 점점 큰 변화로 화할 것"이라고 한다. 일찍이 노자는 다음과 같은 말을 남기기도 하였다.

"힘들이지 말고 행하라. 힘들이지 말고 일하라. 작은 것을 크게 생각하고 적은 것을 많다고 생각하라. 일이 아직 쉬울 때 어려움에 직면해라. 작은 행동을 연속으로 해서 큰 과업을 수행하라."

밀턴 에릭슨은 가족을 변화시키기 위해 작은 변화에 관심을 기울였다.

* * *

에릭슨이 9개월 동안 우울증에 시달리고 있는 중년 여성을 상담할 때 일이다. 사실 그녀는 우울증이 아주 심해서 상담실 내방조차 어려웠다. 상담도 그녀 자신의 의지가 아닌 그녀를 걱정하는 식구들의 의뢰로 시작되었다. 가족은 그녀가 자살을 할지도 모른다며 두려워했다.

에릭슨은 그녀를 상담하기 위해 직접 그 집을 방문하였다. 그녀는 더럽고 음침한 집에서 꼼짝 않고 있었다. 다행히 일주일에 한 번은 집 밖을 나섰다. 독실한 크리스천이었기 때문에 교회는 꼬박꼬박 나가고 있었던 것이다. 그것이 그녀에게는 세상과의 유일한 소통이었다.

에릭슨은 상담을 시도했지만 그녀는 전혀 입을 열지 않았다. 상담이 불가했던 것이다. 그러던 중 예쁘게 핀 여러 종류의 제비꽃을 보았다. 그가 알기로 그 꽃을 개화시키려면 많은 정성이 필요했다.

갑자기 떠오르는 생각이 있어 에릭슨은 부인을 향해 호되게 말했다. "당신은 크리스천으로의 사랑과 베풂의 규례를 지키지 않고 있습니다." 그러자 부인이 반응했다. 에릭슨은 그 기회를 놓치지 않고 "꽃을 잘 키우는 부인의 달란트를 발휘해서 제비꽃을 정성껏 길러 교회 성도들에게 선물하십시오. 크리스천에게 맞는 삶을 사십시오."라고 주문했다.

부인은 에릭슨의 말에 따라 정성껏 꽃을 키웠다. 그리고 성도들의 결혼식, 약혼식, 부고, 세례식 등에 꽃을 선물로 보냈다. 고마운 마음에 성도들은 그녀에게 알은척을 하고 자기들의 사교 모임에 끼워 주었다. 그녀에게 점점 친구가 늘어났고, 주변 사람들에게 그녀는 점점 더 중요한 존재가 되어 갔다.

나중에 그녀가 세상을 떠났을 때 지역신문에 다음과 같은 헤드라인으로 기사가 실렸다고 한다. "제비꽃의 여왕이 잠들다. 우리는 그녀가 몹시 그리울 것이다."

에릭슨은 우울증에 걸린 부인의 내면을 탐색하고 원인과 결과를 찾으려는 노력을 하지 않았다. 그것은 그녀를 더 고통스럽게 하는 일이라는 것을 알았기 때문이다. 그 대신 그녀가 잘할 수 있는 일을 더 열심히, 더 많이 하게 했다. 그녀의 놀라운 변화는 그렇게 시작되었다. 그녀 스스로 그간 외로웠던 삶과 작별을 고하고 그녀를 괴롭히던 우울증에서 벗어났다.

— 행복한 가족을 위한 변화의 시작, 감사 —

긍정심리학자들은 행복한 가족을 위한 비결이 '정면 돌파'가 아닌 '측면 공격'이라는 것을 알아냈다. 행복한 가족생활을 위해 부정적인 요소를 걷어 내고 문제를 해결하려고 애쓰는 대신 긍정적인 생각, 긍정적인 행동을 촉진하여 부정적인 요소나 문제를 중화시킬 수 있다는 것이다. 그리고 이때 필요한 최고의 행동은 '감사'이다.

가족은 때로 우리를 아프게 하지만, 그렇더라도 우리에게 가장 소중한 존재이다. 가족이 나를 아프게 한 것을 말하라면 나는 밤새 얘기해도 다 못할 것이다. 그만큼 많다. 그런데 잠시 생각해 보자. 감사해야 할 일은 어떤가? 그 역시 밤새 얘기해도 다 못할 만큼 많다.

감사하는 마음은 가족의 행복을 여는 열쇠이다. 이 열쇠는 우리 손에 있다. 감사를 말할 수 있는 기회가 수없이 많다. 나는 오늘 하루를 가만히 돌아보았다. 아침에 일어났을 때 아내가 아침 식사를 챙겨 주었다. 감사하자. 운전 중에 끼어들기를 하는데 옆 차선 뒤 차가 자리를 내준다. 감사하자. 그러고 보니 지금 내가 입고 있는 옷은 아내가 깨끗하게 세탁해 준 옷이다. 감사하자. 호주머니 속 손수건은 아들이 지난해 선물해 준 것이다. 감사하자. 지나가는 학생이 나를 보고 웃으며 인사한다. 감사하자. 감사하자. 감사하자. … 감사할 일은 이렇게나 많은 것이다. 중요한 것은 감사의 말을 건넬 기회를 놓치지 않는 것이다. 감사의 말을 건네자. 잔물결이 생겨 더 많은 사람들과 함께 행복할 수 있다.

아들의 행복이 나의 행복이 되는 이유

설렘과 기대가 가득한 신혼 시절은 다시 돌아오지 않고, 출근하는 아빠와 엄마를 향해 제발 가지 말라고 떼쓰는 아이를 볼 수 있는 것도 찰나이다. 가족이 함께 누리는 행복들은 언제나 가능한 것이 아니다. 그것은 일정한 때가 있다.

* * *

얼마 전 조카가 입대를 한다고 해서 오랜만에 여동생 가족과 바비큐를 해 먹으며 인생의 새로운 국면에 접어들게 된 조카를 응원했다.

그날 조카를 보면서 시간이 참 빠르게 흐른다는 것을 또 한 번 느꼈다. 지금도 조카가 "아찌, 레고 사 줘!" 하던 장면이 생생한데 말이다. 어찌나 레고를 좋아했던지, 가끔씩 여동생에게 전화를 하면 엄마의 전화를 낚아채서는 "아찌, 레고 사 줘!" 하는 말을 반복하곤 하였다. 그 당시 나는 조카의 말을 중요하게 여기지 않았고 '이미 레고가 많을걸. 뭘 또….' 하는 생각에 레고를 사 주지 않았다.

나중이 돼서야 내가 자식을 낳고 키워 보니, 레고를 사 달라던 조카가 어떤 마음이었는지 알게 되었다. 조카와 많이 닮은 아들 녀석은 말을 겨우 하게 되자마자 레고를 사 달라고 하였다. 장난감 가게에서 아들은 레고를 가슴에 꼭 안고 너무나 행복해하는 표정을 지었다. 그 모습이 그리 좋을 수가 없었다. 나는 자주 레고를 사다 날랐고 우리 집에는 온갖 종류의 레고가 쌓여 갔다.

이 무렵 조카는 사춘기 소년이 되어 있었고 더 이상 레고에 관심을 두지 않았다. 그런 조카를 볼 때면 나는 레고를 사 주지 않은 것에 대해 미안함과 함께 죄책감을 느꼈다. 나는 어린 조카의 마음을 조금도 헤아려 주지 못했고, 어린 조카가 레고를 들고 행복해하는 모습을 보지 못했다. 그 당시 여동생네는 조금 팍팍한 시간을 보내고 있었다. 매제가 직장을 그만두고 회계사 시험을 준비하던 때였기 때문이다. 여동생은 아들에게 레고를 자주 사 줄 수 없었을 것이다.

나는 그때의 미안함으로 조카를 만날 때면 용돈을 열심히 챙겨 주곤 하였다. 그러나 이미 커 버린 조카의 얼굴에서 아이와 같은 행복한 표정은 찾아볼 수 없었다. 현재 내가 아무리 조카에게 잘해 준다 해도 지나간 일에 대한 아쉬움은 보상이 불가했던 것이다.

우리는 미래의 안락한 삶을 위해 현재의 시간을 희생할 수 있다고 생각한다. 또 그렇게 하는 사람이 성공할 수 있다고 믿는다. 하지만 미래를 위해 현재를 희생하는 것은 가족에게 큰 후회를 남길 수 있는 선택이다. 설렘과 기대가 가득한 신혼 시절은 다시 돌아오지 않고, 출근하는 아빠와 엄마를 향해 제발 가지 말라고 떼쓰는 아이를 볼 수 있는 것도 찰나이다. 가족이 함께 누리는 행복들은 언제나 가능한 것이 아니다. 그것은 일정한 때가 있다. 가족의 행복은 소소한 일상의 시간을 함께하며 느낄 수 있는 것이다.

— 현대사회 속 가족의 희생과 행복 —

독일의 인문학자 스베냐 플라스푈러(Svenja Flaßpöhler)는 "오늘날 우리에게 노동은 더 이상 고통이 아니다."라고 말한다. 그에 따르면 우리는 단지 먹고살기 위해 노동을 하지 않고 좋아서 일을 하며 거기에 에너지를 쏟아붓는다. 그런가 하면 프로이트는 "인간은 욕망하는 존재"라고 말한다. 간혹 탈진할 때까지 일에 몰두하는 사람들이 있는데, 이는 근본적으로는 인정받고 싶은 욕망에서 비롯된다. 또 인간은 무언가 계획되지 않은 시간이나 한가한 시간을 견딜 수 없어 하며, 너무 오래 긴장을 늦추면 알 수 없는 불안감에 뭐라도 할 일을 찾는다. 이 정도 상태에 다다르면 일은 노동이 아니라 유흥이 된다.

한편 독일 베를린예술대학교의 한병철 교수는 "21세기 대표 질병인 우울증은 성과주의 사회가 만들어 낸 것"이라고 말한다. 그에 따르면 성과주의 사회는 우울증을 비롯해서 문제아를 만들어 내기도 하고, 부부 위기와 이혼, 외도, 정신병, 알코올중독 등 다양한 대가를 치르고 있다. 또 그는 "우리는 '피로 사회'에 살고 있다. 우리의 피로함은 타인이 아니라 바로 자기가 자신을 함부로 사용하고, 그래서 착취를 하게 되는 것에 있다."고 말한다. 그의 말처럼 우리는 성과주의 사회에서 끊임없이 성과를 내야 하고 이를 위해 더욱 완벽해져야만 한다. 그리고 여기에는 1차적으로 가족의 희생이 뒤따르게 된다.

가족을 희생시킨 대가를 우리는 반드시 치른다. 그러나 아버지들은 억울하다. 가족을 위해 살아왔다고 믿고 있었기 때문에 그동안 자신이 가족을 위해 아무것도 하지 않았다는 사실을 받아들일 수 없기 때문이다. 내가 실제로 상담 현장에서 자주 접하는 사람들은 '지나치게 열심히 성실하게 살아온 사람들'이었다. 후기 정보화 시대에 살고 있는 우리가 가진 문제는 사회에서 자신들의 능력을 남용한 나머지 가족들에게 당연히 돌아가야 하는 에너지마저 빼앗긴다는 것이다.

현재 많은 아버지가 가족과의 소소한 일상은 의미 없는 것으로 느끼고 시간 낭비이자 인생의 걸림돌로 여긴다. 그들에게 가족과 여가 시간을 보내고 식사를 하고 대화를 하는 등의 모든 일은 무의미하다. 가정은 그저 다음 날 일을 하기 위한 재충전의 공간이다. 이렇게 되면 가족에게 돈이 많이 들어간다. 가족에게 주는 사랑이 부족하기 때문에 부족한 사랑을 돈이라는 형태로 대신하는 것이다. 시간을 함께하지 못한 것에 대해 미안해하는 부모는 자녀에게 물질로 보상하려 하고 자녀들은 물질에 중독되어 간다. 애정이 결핍된 아이들은 학습 부진을 겪거나 문제 행동을 하게 되고, 이를 치료하기 위해 또 다른 비용이 들어간다.

— 가족의 행복이 나의 행복이 되는 이유 —

우리는 가족의 행복을 위해 열심히 돈을 벌고자 했지만, 그에 몰두하는 사이 가족 안에 생각지도 못한 어려움이 생기는 것을 보고 당황하게 된다. 가족의 행복은 물질적인 것보다 정서적인 만족감이 더 크게 좌우한다.

일상 속에서 가족들이 서로에게서 느끼는 정서적 만족감 가운데 '사랑의 공명 반응'이 있다. 사랑의 표현은 월급봉투를 가져다주거나 쓰레기를 버려 주거나 음식을 만들어 주는 것에 한정되지 않는다. 사랑을 말로, 행동으로 적극 표현하고, 상대방의 이야기를 귀 기울여 들어 주는 것이 필요하다. 이때 필요한 능력이 정서적 소통이다. "늘 잔소리하는 아내, 부정을 저지른 남편, 문제아인 아들, 정신분열을 갖고 있는 딸을 가진 가족의 진짜 문제는 정서적 소통의 결핍에 있다."고 사티어는 말했다.

정서적 소통은 어려운 것이 아니다. 일례로 우리는 가족 중 한 사람이 손톱을 뽑는 수술에 대해 이야기를 하면 자신도 모르게 그를 따라 인상을 잔뜩 찌푸린다. 말을 하는 이와 감정을 공유하기 때문에 그런 행동을 하게 되는 것이다. 이처럼 타인의 정서에 쉽게 전염될 수 있는 이유는 우리의 뇌에 '거울 뉴런'(mirror neuron)이 존재하기 때문이다. 어린 아이에게 숟가락으로 밥을 떠먹일 때 엄마는 자기도 모르게 입을 벌리곤 한다. 다른 사람의 감정이나 몸짓을 무의식적으로 모방하고 공감하는 '거울 뉴런'이 일으키는 공명 현상 때문에 이렇게 되는 것이다. 우리가 가족들을 이해하기 위해서는 서로의 정서를 공유할 수 있게 하는 공명 반응이 필요하다. 정서적 의사소통의 능력은 거울 뉴런을 통해 서로의 정서를 모방하고 공감하도록 하는 것으로 가족 간에 공명 반응을 일으키게 한다. 가족 간의 정서적 공명 반응은 가족 안에 소속되어 있다는 귀속감과 정체성을 단단하게 만들어 주며 고립감으로부터 면역체계를 형성해 준다.

대상관계치료의 선구자인 위니콧(Donald Winnicott)은 "내가 보고 상대가 나를 볼 때, 나는 존재한다."라고 말했다. 가정에서 가족이 서로 정서적 공명 반응을 할 때 비로소 정서적 안정과 애착을 형성하고 피로 사회를 살아가는 중에도 절망과 무기력, 외로움 따위에 빠지지 않고 생기 넘치는 삶을 살 수 있다. 우리 삶을 힘들게 하는 것은 노동의 양이 아닌 절망과 무기력, 외로움인 까닭이다.

오늘 저녁, 퇴근을 하니 먼저 온 아내와 아들이 웃으며 알은척을 해 주었다. 나는 슬쩍 입꼬리가 올라갔다. 식사 자리에서는 반찬이 맛있는 게 많다며 열심히 먹는 아들 녀석을 보면서 또 슬며시 웃고 말았다. 아들의 행복한 표정에 나도 모르게 공명 반응을 한 것이다. 그리고 기분 좋은 표정을 짓는 남편을 바라보는 아내 역시 마음이 편안해지고, 엄마와 아빠의 편안한 표정 속에서 아들은 더 행복한 표정을 지었다. 가족의 행복은 바로 이런 소소한 공명에서 시작되는 게 아닌가 한다.

나와 가족의 새로운 이야기를 만들다

나의 감정을 읽고 언어화하는 것은 감정을 조절하고 변화시키는 데 매우 큰 역할을 한다. "내가 슬퍼하고 있구나."라고 자기감정에 이름을 붙이면 자기를 객관적으로 바라볼 수 있게 되고 문제에 대해 객관적이고 구체적으로 다가갈 수 있게 된다.

미래학자 앨빈 토플러(Alvin Toffler)가 말한 프로슈머(Prosumer: producer(생산자)와 consumer(소비자)를 합성한 말)의 시대에서 가장 중요한 산업은 '이야기 산업'이다. 안데르센의 『눈의 여왕』을 살짝 비틀어 아름다운 자매 이야기로 탄생된 디즈니의 만화영화 〈겨울왕국〉은 엄청난 성공을 거두었다. 이야기는 이제 문화와 산업, 심지어는 한 사람의 정체성과 인생을 설명하는 하나의 열쇠로 인식된다.

이야기를 공유하는 사람끼리는 강한 연대감과 소속감을 갖는다. 지난날 우리들의 할아버지, 할머니는 명절 때면 손주들을 앉혀 놓고 조상들의 이야기, 가문의 기원을 들려주었다. 그렇게 전수된 이야기를 통해 가족은 하나의 연대감을 형성했다. 미국이라는 다민족 국가를 이어 주는 힘도 이야기이다. 박해를 피해 메이플라워 호를 타고 신대륙에 와서 기근과 추위를 견디고 인디언들과 싸우면서 미국이라는 나라를 만들었다는 건국 이야기는 미국인들이 지켜 가고 있는 강한 연대감의 상징이다.

한편 미셸 푸코(Michel Foucault)는 이야기, 더 정확하게는 담론에 문제를 제기하였다. 그에 따르면 "정치적, 역사적으로 한 사회를 지배하는 것은 말이나 글로 표현된 담론"이며, "담론을 형성하는 데 참여할 수 있는 사람들이 한 사회의 권력과 지배적인 지식을 소유하게 된다."고 한다. 그의 대표작인 『광기의 역사(Histoire de la folie à l'âge classique)』에서 그는 한 사회 안에서 지배적인 담론을 만들어 내는 사람들이 어떻게 '타자'를 규정하고 분류하고 소외시키는지를 설명하였다. 그리고 '미친 사람', '병든 사람', '범죄를 저지른 사람', '변태인 사람' 자체가 문제이기보다는 이런 담론을 만들어 내는 권력층과 이야기 자체가 문제라고 지적하였다.

오스트레일리아의 가족치료사 마이클 화이트(Michael White)는 푸코의 담론에 대한 생각을 가족치료로 끌어왔다. 그는 "가족은 언제나 지배적인 이야기를 갖고 있으며, 그 이야기는 가족의 규칙과 권력, 나아가 일상의 모든 행동을 규정한다. 가족의 문제와 갈등을 해결하고 가족을 좀 더 긍정적인 방향으로 변화시키기 위해서는 무엇보다 먼저 가족이 기존에 가지고 있던 이야기를 해체하고 새로운 이야기를 만들어 내는 작업이 필요하다."고 하였다.

— 가족에게서 문제를 분리하는 기술 —

화이트에 따르면 모든 이야기는 두 가지 주제가 있다. 하나는 '개인', 다른 하나는 '가족을 비롯한 공동체'이다. 우리는 두 가지 형태의 이야기를 통해 자기정체성을 형성하고 삶의 고통을 극복하고 삶에 의미를 부여한다. 로버트 스턴버그(Robert Sternberg)는 『사랑은 이야기다(Love is a Story)』에서 "성공적인 결혼 생활을 하고 있는 부부들은 공유하고 있는 이야기가 있다. 둘이 함께 겪은 일련의 일들을 둘러싼 기억을 갖고 있다."고 하였다. 즉 결혼 생활을 잘하고 있는 부부는 공유하고 있는 이야기를 통해 서로에 대한 애정과 결혼의 가치를 확인한다는 뜻이다.

만약 위기에 처한 부부가 "이건 약과예요. 우리는 옛날에 더한 일도 겪었어요."라고 말한다면 그들의 문제는 해결을 위한 과정에 들어가 있는 것이다. 모든 문제는 그 문제 자체가 아닌 이야기의 틀이 무엇이냐에 달려 있다.

화이트가 제안하는 이야기 치료의 핵심은 '외재화'인데, 이것은 문제 가족이 가족에게서 문제를 분리하여 생각하게 만드는 기술이다. 공놀이를 하던 아이는 공이 튕겨서 차도로 굴러갔을 때 오직 공만 눈에 보여서 차가 오는지 모르고 차도로 달려 나갈 수 있다. 문제에 빠진 가족도 오직 문제만을 보느라 해결책을 찾지 못할 수 있다. 따라서 이야기를 통해 문제를 해결하려면 가족의 문제를 넓은 시각에서 볼 필요가 있다.

문제와 갈등 속에 있는 가족은 흔히 가족 내 누군가 때문에 문제 상황에 놓였다고 생각한다. 문제 요인이 남편이라면, 남편은 타도해야 할 적이 되거나 나를 힘들게 하는 고통의 근원지로 여겨진다.

이야기 치료는 문제가 가족들이 공유하는 이야기 속에서 존재하고 유지되기 때문에 새로운 이야기를 만들고 구성할 것을 요구한다. 그리고 가족 문제를 하나의 이야기로 객관화시켜서 가족에게 고통을 주는 것이 '사람'이 아닌 '문제' 자체라는 것을 알게 해 준다. 사람들이 겪는 대부분의 문제는 관계의 맥락 속에서 발생한다. 다시 말해 문제는 관계와 소통의 과정 중에 발생한다. 이것을 명심한 상태에서 가족에게서 문제를 떼어 내면 그 문제를 해결할 방법을 찾을 수 있다.

— 문제에 이름을 붙이기 —

외재화 작업을 통해 문제를 가족에게서 분리시킨 다음에 해야 할 것은 '문제에 이름을 붙는 것'이다. 인간의 마음은 이야기의 형태로 사고하도록 만들어져 있다. 인간의 동기는 대부분 스스로에게 들려줄 자기 삶의 이야기를 이행하는 과정에서 나온다. 이야기는 눈에 보이는 것을 바꾸지는 못하지만 우리의 마음을 바꿀 수 있는 힘이 있기 때문이다.

무엇보다 먼저 나의 감정을 읽고 언어화하는 것은 감정을 조절하고 변화시키는 데 매우 큰 역할을 한다. "내가 슬퍼하고 있구나."라고 자기감정에 이름을 붙이고 자기의 마음 상태를 규정하면 자기를 객관적으로 바라볼 수 있게 되면서 문제에 대해서도 객관적이고 구체적으로 다가갈 수 있게 된다.

자기감정에 이름을 붙이듯 문제에도 이름을 붙일 수 있다. 그리고 그 효과는 놀라울 정도이다. 독일어권 심리치료사들 사이에 널리 통용되고 있는 '룸펜슈틴츠헨의 법칙'으로 미루어 짐작할 수 있다. 룸펜슈틴츠헨은 그림(Grimm) 형제의 동화에 나오는 난쟁이의 이름이며, 그가 등장하는 동화 내용은 이러하다.

* * *

가난한 방앗간 주인의 딸에게 어느 날 난쟁이가 나타나 왕비로 만들어 줄 테니 아이를 낳으면 그 아이를 반드시 자기에게 달라고 했다. 딸은 그렇게 하겠다고 약속하고 결국 왕과 결혼하여 아기를 낳았다. 그런데 난쟁이가 나타나 아기를 달라고 하자, 울면서 제발 아기를 데려가지 말아 달라고 부탁했다. 그녀를 불쌍하게 여긴 난쟁이는 사흘 안에 자신의 이름을 맞추면 아이를 데려가지 않겠다고 했다.

신하들은 전국 방방곡곡을 찾아다니며 난쟁이들의 이름을 수집하지만 정작 그 난쟁이의 이름만을 알아낼 수 없었다. 그러던 중 한 신하가 우연히 숲속 작은 집에서 흘러나오는 노래를 엿듣다가 난쟁이의 이름을 알게 되었다. 왕비로부터 아기를 빼앗아 올 수 있다고 생각한 난쟁이가 즐거운 마음에 노래를 흥얼거리다가 그만 자신의 이름을 말해 버린 것이다. 그의 이름은 바로 룸펜슈틴츠헨이었다. 신하는 왕비에게 달려가 난쟁이의 이름을 알렸고 왕비는 난쟁이의 이름을 맞추었다. 그리고 난쟁이는 사라졌다.

이름이 없던 것에 이름을 붙이면 그 순간 환자에게 걸려 있던 마법 역시 난쟁이처럼 같이 스르르 사라진다는 의미로, 상담사들은 '룸펠슈틴츠헨의 법칙'이라 불렀던 것이다.

자신의 상처에 '말'이라는 옷을 입혀 표현할 수 있다면 말 못할 괴로움에서 벗어날 수 있다. 지금껏 말하지 못했던 것을 이야기와 생각을 통해 정리하고 구분하는 행위는 감정적인 부담을 크게 덜어 준다. 자기가 겪었던 트라우마를 말로 표현할 수 있다면 그 상처는 이제 덜 아프고 통제할 수 있는 상처로 변할 것이다. 가족의 문제 역시 마찬가지다. 가족 중 한 사람이 문제에 '소통의 방식'이라고 이름 붙이면, 고통스러운 감정들이 문제와 분리되면서 잘못된 소통의 방식을 해결하기 위한 구체적인 대안을 찾을 수 있다.

— 문제에 이름을 붙이고 새로운 인생을 그리다 —

* * *

우울, 공황장애, 그리고 불안 문제를 가진 삼십 대 여성 용준 씨가 상담실을 찾아왔다. 용준 씨는 그 흐름을 따라가기가 어려울 정도로 빠르게 말했고 말에 가속도가 붙었으며 이야기 주제는 계속 바뀌었다. 그만큼 불안감의 수준이 높았다. 이 여성은 왜 이렇게 불안해하는 것일까? 나는 그녀의 불안을 탐색해 보기로 하였다. 먼저 그녀의 이름이 남자 이름인 이유를 물었다.

그녀의 아버지는 대가족의 장남으로 많은 형제들로 인해 마음이 다치면서 자식은 꼭 한 명만 낳으려고 했단다. 당연히 첫 번째 자식은 무조건 아들이어야 했고 아들의 이름도 미리 지어 놓았다. 그런데 딸이 태어난 것이다. 아버지는 커다란 실망감에 갓 태어난 그녀에게 아들의 이름을 붙이고 외면하였다.

가족 안에서 아버지에게 거절당한 상처로 인해 용준 씨는 마치 이방인처럼 어정쩡하게 소외된 채 살았다. 학교에서도, 직장에서도, 사회에서도 그녀는 늘 이방인과 같았다.

그녀의 가족사를 다 듣고 나서, 나는 그녀 스스로 이야기를 객관화하는 작업을 시작하게 했다. 한 사람의 삶 이야기는 객관적인 다큐멘터리와 달리 누락되거나 잘못 얽혀 있거나 과장된 내용을 담고 있기 때문이다.

용준 씨는 자기를 객관적으로 보게 되면서 자신에 대한 새로운 의미들을 찾아냈다. 첫째가 딸이라서 아버지는 원래 계획과 달리 두 명의 남동생을 더 두게 되었고, 두 명의 동생은 자신에게 생명을 빚지고 있다는 사실이 그중 하나다. 또 아버지는 용준 씨가 처음 태어났을 때만 그녀를 거부하였지 나중에는 미안한 마음을 드러냈고, 아들이 둘이나 생긴 뒤에는 유일한 딸이라며 더 아껴 주었을 뿐 아니라 지금까지 마음을 쓰고 있으시다는 것이다. 이제 용준 씨는 그녀가 아버지에게 거절당한 것은 사실이지만 계속 그랬던 것은 아니며, 그것은 그녀의 인생에서 아주 작은 한 조각에 지나지 않는다는 사실을 인식하게 되었다.

용준 씨는 지금까지 자기가 유지해 오던 삶의 이야기를 해체하고 재구성해야 할 필요성을 깨달았다. "언제나 버림받은 것이 아니었는데 버림받은 줄 알고 살았다"라고 자신의 문제에 이름을 붙였다. 그것은 그녀가 유지해 오던 삶을 해체하는 동시에 재구성의 시작이었으며, 그녀의 새로운 인생 이야기는 그녀의 생각과 감정, 인식에 긍정적인 변화를 일으켰다.

갈등의 악순환에서 행복의 선순환으로

"왜 나만 참고, 용서해야 하나요?"

"당신에게 더 문제가 많아서가 아닙니다. 이럴 때는 누군가가 먼저 갈등의 악순환에서 빠져나와 가족을 객관적으로 보는 것이 필요합니다."

퇴근하고 집에 돌아온 남편이 "나 왔어." 하고 인사하면 아내가 "잘 다녀왔어." 하며 웃음으로 답을 해 주고 저녁을 준비한다. 잠시 후 식탁 위에는 그날의 대화와 웃음이 흘러넘친다. 부부는 때로 언쟁을 하기도 하지만 서로에게 감정의 상처를 주지 않고 서로의 입장을 존중하고 공감해 준다. 가족 안에는 사랑과 신뢰가 존재하며, 그런 분위기 속에서 아이들은 안정감과 친밀감을 갖고 자기의 미래를 열심히 준비한다. 이런 따뜻한 가정을 꿈꾸지 않는 사람은 아마도 없을 것이다.

그런데 사람에 따라 행복한 가정의 모습은 다르게 그려진다. 가장으로서 열심히 돈을 벌어 오는 것만으로 자신은 행복한 가정을 위해 최선을 다하고 있다고 생각하는 사람이 있다. 또 끊임없이 잔소리하고 가족들을 쥐락펴락하면서 가정을 위해 최선을 다하고 있다고 믿는 사람도 있다. 이들에게는 식구들이 입 다물고 군말 없이 자기가 원하는 대로 따라와 주는 것이 행복한 가정의 모습일 것이다.

하지만 가족들은 결코 여기에 동의할 수 없을 것이다. 문제 없는 가족이 되기 위해 참고 버티고 희생을 받아들여야만 한다는 것은 고통이기 때문이다. 행복한 가족 관계는 희생과 양보만으로는 한계가 있다. 행복한 관계를 만들기 위해 필요한 것은 자발적인 마음이다. 결코 의무감으로도 안 되고 억지로도 할 수 없다. 그런 마음 자세나 강요로는 얼마 못가 자포자기하게 될 것이 뻔하다.

— 몰입의 즐거움 —

일본 요식업계에서 '장사의 신'으로 널리 알려진 우노 다카시는 "장사를 시작하기 전 가게의 목, 종목의 상업성 등을 파악하는 것보다 더 중요한 게 있다. 그것은 '내가 진정으로 어떤 가게를 하고 싶은가', '어떤 가게라면 즐겁게 일할 수 있는가'이다." 그에 따르면 손님은 즐기기 위해서 가게를 찾는다. 그런 손님의 마음을 사로잡기 위해서는 먼저 내가 즐거워야 한다. 사랑하는 연인의 행복한 얼굴을 보고 싶어 하는 것처럼 손님의 웃는 얼굴을 보고 싶다고, 그렇게 진심으로 생각하면 반드시 장사에서 성공할 수 있다.

또 "장사가 안돼서 괴로울 때는 자기가 이 일을 얼마나 좋아하는

지 한번 떠올려 보라."고 말한다. 죽지 못해, 먹고살기 위해 억지로 장사한다고 생각하면 망한다. 실제로 '대박집'을 가 보면 주인의 얼굴이 밝고 긍정적이다. 기쁘게 일하고 있는 것이다. 장사가 잘되니 당연히 기쁜 거 아니냐고? 밝고 기뻤기에 더 기쁜 일이 찾아온 것이다.

한편 우노 다카시는 자기만 성공한 것이 아니라 자기 밑에서 일하던 종업원 200명을 독립시키고 그들이 성공하도록 도운 멘토이기도 하다. 그는 장사의 성공 조건으로 투자 전략이나 외부 조건뿐 아니라 장사하는 사람의 마음가짐과 자세의 중요성을 강조한다.

미국의 심리학자 미하이 칙센트미하이(Mihaly Csikszentmihalyi)는 우노 다카시와 같이 장사하는 사람이 스스로 즐겁게 일하는 상태를 '플로우'(flow), 한국어로 '몰입'이라고 불렀다. 또 "인간의 행복은 플로우를 발견하는 데 있다."고 하였다. 플로우는 어떤 행위에 완전히 몰입하여 시간 가는 줄 모를 때 생긴다. 즉 일에 정신이 팔려서 눈 깜작할 사이에 시간이 지나가고 자신과 세계가 분리되어 있다는 사실을 느끼지 못하는 상태라 할 수 있다. 우노 다카시의 "장사하는 사람이 스스로 즐거워야 한다."는 말은 곧 자신이 일에 몰입할 수 있어야 한다는 말이다.

그런데 칙센트미하이는 이 플로우의 개념을 정말 우연히 발견했다. 아이들이 노는 것을 지켜보다가 플로우를 떠올린 것이다. 우리는 누구나 플로우를 한 번쯤 경험한다. 예를 들면 어릴 적에 엄마가 데리러 올 때까지 해 지는 줄을 모르고 신나게 뛰어놀았던 일, 시간 가는 줄 모르고 몇 시간이나 열심히 피아노를 친 일, 야근 중에 일이 너무 잘돼서 12시가 다 될 때까지 사무실에 홀로 있었던 일 같은 거 말이다.

플로우의 상태는 사람마다 다 다른데, 거의 모든 행위에서 플로우를 경험할 수 있다. 아이들은 자기들끼리 놀게 내버려 두면 반드시 플로우 상황을 찾아낸다. 아이들이 휴대전화나 컴퓨터 게임 등 복잡해 보이는 것을 빨리 습득하는 것이 바로 플로우를 찾아냈기 때문이다. 아이들의 플로우 상태를 파악하고 이것을 교육에 응용한 사람이 마리아 몬테소리(Maria Montessori)로 그녀는 이러한 원리를 이미 100여 년 전에 찾아냈다.

— 사랑의 플로우와 갈등의 플로우 —

칙센트미하이는 "행복의 요소에는 플로우와 더불어 의미, 기쁨이 있다."고 말했다. 행복의 3요소인 플로우, 의미, 기쁨은 우리가 플로우에 빠지게 될 때 한꺼번에 얻을 수 있다. 어떤 일에 몰두하면 플로우가 발생하고 그 과정에서 만들어 내는 물건이나 관계, 성취는 의미를 지닌다. 그리고 그로부터 기쁨을 얻는다. 달리 말해 자신이 의미 있다고 느끼는 어떤 일에 완전히 빠져 있을 때 우리는 플로우를 경험한다. 그로부터 생겨나는 기쁨은 행복한 삶으로 가는 열쇠이다.

칙센트미하이에 의하면 성공은 반드시 외형적으로 누구나 찬사를 보낼 만한 것이 아닐 수 있다. 신나서 즐겁게 몰입할 수 있는 일을 하고 있다면, 그게 성공인 것이다. 칙센트미하이는 "잡을 수 없는 신기루를 잡으려고 애쓰면서 조급하고 불안하게 지루한 표정으로 하루하루를 보내지 말라."고 권한다. 그런가 하면 우노 다카시는 "일은 살아가기 위한 수단이었다. 나의 인생에서 최우선 순위는 언제나 가족과의 생활이었다."라고 말한다. 자기 일에서 플로우를 발견했을 뿐 아니라 성공도 얻었지만, 그의 삶에서 최우선은 결코 일이 아니었던 것이다.

우노 다카시가 최우선으로 삼았던 행복한 가족을 이루기 위해서는 사랑의 플로우가 필요하다. 사랑의 플로우란 다음과 같은 것이다. 엄마가 누워 있는 아기에게 미소를 보내면 아기는 엄마의 미소를 알아차리고 웃음으로 답한다. 아기가 보낸 미소에 행복해진 엄마는 아기를 번쩍 들어 뽀뽀를 한다.

사랑의 플로우는 억지로 또는 강제적으로 하는 것이 아니라 기쁨과 감사의 마음으로 자연스럽게 오가는 것이다. 사랑의 '진자 운동'과도 같다고 할 수 있다. 서로 끊임없이 사랑을 주고받으면서 사랑의 플로우 상태에 머물게 된다. 우리가 사랑의 플로우를 유지하고 있는지 알 수 있는 증거는 '감사하는 마음'이다. 서로에게 고마워하는 마음은 사랑의 플로우 상태에 있음을 알려 주는 단서가 된다.

그러나 가족 안에는 사랑의 플로우만 있는 것이 아니다. 갈등의 플로우도 존재한다. 갈등의 플로우는 다음과 같이 이루어진다. 부부끼리 또는 가족끼리 싸우면서 이성을 잃어버릴 정도로 화를 내고 서로를 공격하고 상처 주는 말을 내뱉는다. 계속해서 갈등이 깊어지면 처음의 의도와는 상관없이 서로 더 깊은 상처를 준다. 갈등의 플로우 상황은 우리 주변에서 흔히 볼 수 있다. 상담실을 찾은 부부 중에 그런 경우가 있었다.

* * *

맞벌이하는 딸 부부를 위해 손자를 돌봐 주는 장모님의 양육 방식에 대해 남편이 이의를 제기하고 흉을 봤다. 친정어머니를 흉보는 남편에게 화가 난 아내는 "누가 고아 자식 아니랄까 봐."라며 남편의 가장 치명적인 상처를 건드렸다. 자녀의 양육 문제로 시작된 갈등은 이제 걷잡을 수 없이 커지면서 관계 자체를 고통으로 만들어 버린 것이다.

— 술주정뱅이 남편과 잔소리꾼 아내 —

독일의 부부 상담가인 에바 마리아 추어호르스트(Eva-Maria Zurhorst)는 "가족 관계에서 가장 중요한 것은 열심히 일하고, 마음을 열고, 상대에게 베풀고, 용서하는 것이다. 이 네 가지를 실천하면서 산다면 그동안 서로 치열하게 싸웠던 자신들을 객관적으로 보게 되고 갈등의 플로우 상태에서 벗어날 수 있다."고 하였다.

나에게 상담을 받았던 한 여성이 "왜 나만 참고, 용서해야 하나요?"라고 반문한 적이 있었다. 나는 그녀에게 "당신에게 문제가 더 많아서가 아닙니다. 이 상황을 해결하기 위해 그렇게 해야 합니다."라고 답했다. 갈등의 플로우 상태를 벗어나기 위해서는 누군가가 먼저 빠져나와야 한다. 이것은 마치 과거 시골에 있던 펌프와 같다. 펌프 아래에는 시원한 지하수가 가득하지만 물을 마시려면 한 바가지의 물, 즉 마중물이 필요하다. 물을 펌프 속으로 흘려보내고 펌프질을 하면 시원한 물을 마음껏 끌어올릴 수 있다.

* * *

신혼 초부터 매일 술에 취해 들어오는 남편 때문에 힘들어하던 부인이 있었다. 그녀는 남편의 지나친 음주 습관을 고치기 위해 매일 잔소리를 퍼부었다. 어떤 날은 아침부터 잔소리를 퍼부었고, 그러면 남편은 평소보다 술을 더 많이 마시고 들어왔다. 부인은 아무리 노력해도 바뀌지 않는 남편에게 화가 나서 더욱 바가지를 긁었다. 남편 또한 전혀 변하지 않고 술을 더욱 많이 마셔 댔다. 이제 두 사람 사이는 거의 무너지기 일보 직전까지 갔고 갈등의 플로우 상태로 들어갔다. 둘 사이에는 오직 대결과 복수만이 존재하였다.

나의 경험상 가족 갈등을 해결할 열쇠는 대개 아내에게 있었다. 아내에게 문제가 더 많아서가 아니다. 가족 문제가 해결되길 남편보다 아내가 더 간절히 원하기 때문이다. 나는 부인에게 평소의 절반으로 잔소리를 줄일 것을 권했다. 남편은 그날도 술을 마시고 들어왔는데 웬일인지 아내의 잔소리가 평소보다 약했다. 다음 날 남편은 술을 마시면서 어쩐지 안주가 맛이 없다는 느낌을 받았다. 아내의 잔소리와 폭언이 남편으로 하여금 술을 더 마시게 하는 동기였던 것이다. 남편은 평상시보다 술을 적게 마시고 집에 들어왔고 아내의 잔소리와 폭언은 더 줄게 되었다. 그러다 보니 남편이 마시는 술의 양과 함께 술

마시는 횟수도 점차 줄어들었다.

남편과 아내가 갈등의 플로우에서 빠져나오면서 그동안 작동하지 않던 사랑의 진자 운동이 시작되었다. 서로의 입장을 이해하고 공감하려는 태도가 자연스럽게 생겨났고 가족에게 조금씩 평화가 깃들기 시작했다.

갈등의 플로우 상태에 있을 때는 갈등의 원인이 무엇인지, 누가 가해자이고 피해자인지 파악하려는 노력은 아무 의미가 없다. 사실 모두가 가해자이고 동시에 피해자이기 때문이다. 이럴 때는 가족 중 누군가가 먼저 갈등의 악순환에서 빠져나와 현재의 가족을 객관적으로 보는 것이 필요하다.

그럼에도 가족은 우리의 마지막 피난처다

가족은 우리에게 울타리를 제공하지만 모든 가족 구성원이 그 안에서 소속감을 느끼는 것은 아니다. 우리는 가족에 소속되기 위해 노력하고 심지어는 자신을 희생하기도 한다.

얼마 전 일본에 회의 참석차 출장을 다녀왔다. 먼저 다녀온 사람들의 말대로 일본은 정서적인 면에서 우리나라와 놀랍도록 많은 부분이 닮아 있으면서도 전혀 생각지도 못한 차이점이 있는 나라였다. 그중 하나가 '소속감'이었다.

소속감은 일본인들의 인생에서 대단히 중요한 요소이다. 명감독 구로사와 아키라(黑澤明)의 영화 〈7인의 사무라이〉에서 떠돌이 사무라이 무리의 대장 시마다 간베는 무자비한 산적에 대적하기 위해 농부들에게 싸움하는 법을 가르친다. 그는 "전투의 본질은 그런 것이다. 다른 사람을 방어하는 것이 곧 자신을 방어하는 가장 확실한 길이다. 자기 자신만 생각하는 것은 곧 자신을 파괴하는 결과만 낳을 뿐이다."라고 말한다. 이 말은 일본인의 근본적인 의식 구조를 보여 준다. '살아가면서 타인과 관계를 맺을 때 집단이 얼마나 중요한 역할을 하는지' 말해 주는 것이다. 일본인에게는 집단에서 느끼는 소속감이 자기정체성만큼 중요하다.

이것을 보여 주는 소설이 무라카미 하루키의 『색채가 없는 다자키 쓰쿠루와 그가 순례를 떠난 해(色彩を持たない多崎つくると彼の巡禮の年)』이다. 이 책은 일본에서 출간된 지 한 주 만에 백만 권이 판매된 경이로운 책이다. 하지만 한국에서는 하루키의 다른 책들에 비해 초라한 판매 실적을 기록했다. 한국과 일본에서 다르게 나타난 판매고는 무엇 때문이었을까? 그것은 닮은 듯 다른 두 나라의 문화 차이에 있다.

이 소설의 주인공 다자키 쓰쿠루는 고등학교 시절 둘도 없이 가깝게 지내던 친구들로부터 어느 날 갑자기 절교를 당한다. 이유도 알려 주지 않은 채. 그것은 대학교 2학년 여름방학 때였다. 이후 그는 죽음만 생각하며 묵묵히 하루하루를 버티듯 살았다.

그러던 어느 날, 다자키 쓰쿠루에게 사랑이 찾아왔다. 그녀의 이름은 기모토 사라. 악마에게 영혼을 판 파우스트가 순수한 여성 그레트헨을 통해 구원을 받듯, 그는 그녀를 통해 새로운 세상을 만나게 된다. 그리고 그녀의 도움으로 트라우마 회복을 위한 길을 떠난다. 대학 시절 자신이 친구들로부터 버림받은 이유를 찾아 나서면서 다자키 쓰쿠루는 '소속감 상실'이라는 오래된 상처를 치유한다. 또한 그 여정에서 그를 버린 친구들을 만나고 친구를 버렸다는 죄책감으로부터 그들을 벗어나게 해 준다.

하루키는 이 책에서 일본인들에게 가장 중요한 소속감의 문제를 다루었다. 자기가 속한 집단으로부터 버림을 받은 사람이 겪어야 했을 아픔과, 그가 오랜 시간이 지난 후 비로소 그 상처를 극복해 가는 여정을 이야기했다. 인류학자 베네딕트(Ruth Benedict)는 그의 책 『국화와 칼(The Chrysanthemum and the Sword)』에서 일본의 문화를 "수치의 문화"라고 표현한다. 그에 따르면 일본인들이 가장 고통스럽게 여기는 것은 수치를 당하는 것이다. 수치는 자살의 원인이 될 만큼 그들에게 큰 고통이다. 그런데 이 수치심은 개인적인 감정인 죄책감과 달리 집단으로부터 얻는 감정이다. 집단에서 버림받는 것만큼 그들에게 수치스러운 일은 없다. 그런 까닭에 한 사람의 수치스런 이야기(소속감을 잃은 수치)를 다룬 하루키의 소설이 일본인들에게 큰 공감대를 끌어낼 수 있었다.

— 강력한 소속감의 원천, 가족 —

몇 해 전 퇴직한 일본 남성들이 세계적으로 뉴스거리가 된 적이 있다. 그 내용은 이러했다.

"회사에서 명예퇴직을 당한 남자들이 가족들에게 이 사실을 알리지 못하고 매일 아침 출근하는 척하며 집을 나선다. 직장을 다닐 때와 똑같은 일정으로 움직이고 집에 돌아오면 아내에게 회사 일을 이야기해 준다. 그러다 가져다줄 돈이 떨어지고, 사채까지 끌어다 쓰다가 결국 자살로 생을 마감한다."

이 일본 남성들은 자기가 집단에서 버림받았다는 사실을 받아들이려 하지 않았다. 그것은 경제적인 문제를 넘어 소속감의 문제였기 때문이다.

일본과 가까운 나라 한국에서는 똑같이 회사에서 명예퇴직을 당한 남성들이 대부분 등산을 갔다. 한국인도 자기가 속한 사회적 집단을 중요하게 여기지만 일본인이 느끼는 정도까지는 아닌 것이다. 한국인이 일본인 못지않게, 어쩌면 그보다 더욱 크게 소속감을 느끼는 것은 가족이다. 일례로 가끔씩 뉴스에서 흘러나오는 일가족의 동반자살 이야기는 한국에만 있는 독특한 현상이다. 한국전쟁 시절부터 지금 이 순간까지 가족 동반 자살은 계속 일어나고 있다. 자살을 결심한 사람이 혼자 세상을 떠나지 않고 배우자와 자녀를 자살에 끌어들이는 현상은 우리가 가족을 운명공동체라고 인식하고 있음을 보여 준다.

한국 사회가 빠르게 개인주의화되고 있고 이전 세대와 많은 차이를 보이고 있긴 하지만, 여전히 가족에 대한 강한 소속감을 느끼고 있는 것이다.

사실, 소속감은 인간의 보편적인 본능이다. 납치를 당해 외부 세계로부터 고립되고 나서 다시 자유를 찾아 가족에게 돌아갈 희망을 상실하였을 때, 오히려 납치범들의 사상과 신념에 동조하면서 소속감을 얻으려는 현상을 '스톡홀름 증후군'(Stockholm syndrome)이라고 말한다. 소속에 대한 욕구는 성적인 욕구와 더불어 인간의 가장 근원적인 욕구이다. 이런 소속에 대한 욕구를 한국인은 가족에게서 가장 많이 충족하는 것이다.

가족은 한국인에게 강력한 소속감의 원천이다. 가족이라는 운명공동체 안에서 느끼는 소속감은 가족 간의 애착과 연대감, 친밀감을 느끼게 해 준다. 또한 우리에게 수많은 위기와 실패, 좌절, 도전에 대한 불안 등으로부터 버틸 수 있는 힘을 준다.

— 가족은 우리의 마지막 피난처이다 —

가족은 우리에게 울타리를 제공하지만 모든 가족 구성원이 그 안에서 소속감을 느끼는 것은 아니다. 그럼에도 우리는 가족에 소속되기 위해 노력하고 심지어 자신을 희생하기도 한다. 가족으로부터의 소속감은 나의 심리적 안정감의 원천이기 때문이다.

1973년 영국에서 발생한 최악의 화재 사건으로 기록되어 있는 서머랜드 호텔의 대형 화재 사건은 우리에게 잘 알려진 영화 〈타워링〉의 실제 모델이다. 그리고 이 영화는 가족의 연대감과 소속감을 잘 보여 주었다. 영화의 내용 중 가족을 다룬 부분을 간단히 소개하면 다음과 같다.

* * *

호텔에 대형 화재가 발생하자 가족 단위 투숙객들은 아비규환의 화재 현장에서도 서로 격려하여 함께 탈출하기 위해 애를 쓴다. 심지어

안전한 곳으로 먼저 탈출할 수 있었음에도 가족을 구하기 위해 다시 화염 속으로 뛰어 들어가 사투를 벌인다. 반면에 가까운 지인이나 친구들끼리 투숙한 경우, 어느 누구도 위급한 상황에서 서로를 챙기거나 일부러 찾아다니지 않았다. 화재 직전까지만 해도 가족보다 더 중요한 우정 관계라고 여겨졌던 친구들마저 그러했다. 오직 가족만이 위기의 순간 속에서 빛을 발하였다.

독일의 심리학자 이름트라우트 타르(Irmtraud Tarr)는 "가족 안에는 태초부터 내려오는 신뢰가 존재한다."고 말한다. 그에 따르면 소속감을 공유하는 가족 안에서는 일반적인 사회적 관계의 법칙이 통용되지 않는다. 가족들끼리는 서로 자발적으로 불이익을 감수하고 때로는 자기에게 가장 소중한 것을 조건 없이 내주기도 한다. 가족 안에서 누군가 사회적 통념에 따라 행동할 것을 요구하고 법대로 판단하자고 하면 그 가족은 서로 상처를 받고 결국 뿔뿔이 흩어지게 된다. 이제 더 이상 소속감을 주는 가족이 아니게 되어 버렸기 때문이다.

— 눈치 보는 사람, '자기소외'로 무장한 사람 —

가족은 우리의 마지막 피난처이다. 그렇기 때문에 가족 안에서 버림받은 사람은 더 이상 갈 곳이 없고, 가족 안에서 소속감을 얻지 못한 사람의 아픔은 실로 엄청나다.

어린 시절 가족 안에서 신체적, 정서적 학대, 부모의 냉담한 반응, 가족 내 지속적인 긴장과 갈등, 편애와 소외 등을 경험한 사람은 소속감에 상처를 입을 수 있다. 반면에 이러한 상처 없이 안정적으로 소속감을 형성한 사람은 가족과 따뜻한 애착 관계를 형성하며 참된 자기정체성을 확립하고 건강한 인격을 형성할 수 있다.

소속감에 상처를 입거나 소속감을 제대로 형성하지 못한 사람은 자존감과 대인 관계 문제를 갖게 된다. 학교, 직장, 동창회 등 모든 사회적 집단에서 문제 상황에 부딪칠 수 있고 집단에 소속되기 위해 여러 가지 대처기제를 만들게 된다. 대표적인 기제가 '눈치 보기'이다. 언제나 상대방을 스캔하면서 자기의 말과 행동을 무한 점검한다. 그 덕에 무리에 잘 적응할 수는 있지만 늘 타인의 욕구와 감정에만 집중하다 보니 이유 모를 피곤함과 무기력에 빠지게 된다.

눈치를 보는 사람의 반대편에는 '자기소외'로 무장한 사람이 있다. 이들은 가족 안에서 존재감이 없었기 때문에 늘 소외감을 느낀다. 잠자리에 들 때서야 비로소 소외감에서 벗어날 수 있다. 이런 삶이 너무 힘들지만, 매일 매 순간 느껴야 하는 소외감을 자기 삶의 일부로 받아들인다. 가족 밖에 있는 다양한 집단에서도 그는 늘 아웃사이더의 자리를 파악하고 그 자리에 머물면서 집단 안에서 '잊힌 사람'이 된다. 그렇게 자기를 소외시킨다.

또 가족 안에서 소속감을 느끼지 못하는 사람은 뼛속까지 사무치는 외로움에 고통을 받는다. 가족이 있지만 정작 가족 안에서 더 외롭고, 깊은 공허감에 시달리게 된다. 이유를 모르는 슬픔이 가슴 한

구석을 떠나지 않는다. 가족이 있지만 가족 중 그 누구도 관심을 기울여 주지 않는다. 이런 사람은 혼자 웅크리고 앉아서 바닥을 응시하거나 아니면 허공을 멍하니 바라보곤 한다. 그에게 가족은 안전한 쉼의 공간이 아닌, 긴장감과 불안감을 주는 고통의 현장이다.

— 상처 입은 소속감은 따뜻한 신뢰로 치유한다 —

소속감에 상처가 있는 사람이 가족과 자신을 둘러싼 사회적 집단이 주는 고통에서 벗어나기 위해서는, 먼저 손을 잡아 주는 사람이 필요하다. 사람이 주는 따뜻한 위로와 지지는 상처를 완벽히 치유해 주지 못하지만 그 온기는 충분히 전달된다. 아마도 우리 모두에게는 한 명쯤 이런 사람이 있지만 미처 자각하지 못했을 뿐인지도 모른다.

소속감의 상처는 신뢰의 상처이다. 사람과 사람 사이에서 신뢰를 형성할 수 있는 기회가 없었던 것이다. 사람과 사람 사이에 만들어지는 신뢰에는 치유의 힘이 있다. 신뢰 관계를 통해 나는 더 이상 혼자가 아니며 더는 혼자 버티지 않아도 된다는 사실에 큰 위로와 힘을 얻을 수 있다. 단, 잊지 말아야 할 것이 있다. 신뢰 관계의 형성과 지속은 상대만의 책임이 아닌 나의 책임이기도 하다.

신뢰 관계 속에서 우리는 자신이 어떤 상처를 받았는지, 집단에 소속되기를 얼마나 열망했는지 알게 된다. 여전히 해소되지 않은 감정을 똑바로 마주하고, 용기를 내어 그동안 가정에 또는 집단에 소속되기 위해 사용했던 대응기제를 객관적으로 바라보아야 한다.

그리고 신뢰 관계를 통해 소속감이 어느 정도 치유되었다면 이때부터는 그것을 안정적으로 유지하는 노력이 필요하다. 작은 공감과 위로, 갈등 상황에서 서로 입장을 바꾸어 이해하려는 자세를 통해 가족 내 또는 사회집단 내에서 지속적인 신뢰를 쌓아 가야 한다.

— 후기 —

인생의 고단함과 고통을 아는 사람들에게 보내는 메시지 〈세한도〉

조선 후기에 그려진 〈세한도(歲寒圖)〉는 500년 조선의 유교문화에서 가장 빛나는 문인화의 결정체로 국보 제180호로 지정되어 있다. 이러한 〈세한도〉의 탄생에는 당시 청나라의 최신 학문이던 고증학의 영향이 절대적이었다. 그리고 그것을 받아들인 김정희를 고증학의 최고 학자로 여겨 추사 연구에 평생을 바친 사람은 놀랍게도 일본인 후지쓰카 지카시(藤塚鄰)이다. 한민족의 암흑기 속에서 일본인이 추사 김정희의 가치를 알아보았던 것이다.

나는 이 그림을 학창 시절에 교과서에서 처음 보았다. 썰렁하고 횅해서 왠지 으스스하기까지 했던 〈세한도〉가 조선과 청나라의 지식인들 사이에서 일대 선풍을 일으켰다는 사실이 별로 가슴에 와 닿지 않았다. 사춘기 청소년이 이해할 수 있는 그림이 아니었던 것이다. 그러던 나도 어느덧 사십 대 후반의 중년, 아직 많이 살았다고 할 수는 없지만 인생의 고단함과 기쁨, 아픔과 불안, 모순과 우연성을 조금은 알게 되었다. 〈세한도〉의 아름다움과 그 의미도 조금은 알게 되었다.

〈세한도〉를 그린 추사 김정희는 당대 최고 가문 출신이었다. 그의 증조할아버지 김한신은 영조의 둘째 딸 화순옹주와 결혼해 월성위에 책봉되었다. 그러나 서른아홉에 짧은 생을 마감했다. 화순옹주 역시 식음을 전폐하고 슬픔에 빠져 있다가 세상을 떠났다. 정조는 그의 고모인 화순옹주에게 열녀정문을 내린다. 대가 끊어지면 조카를 통해 대를 잇게 하는 조선의 관습 때문에 김정희는 월성위의 제사를 모시게 되었고, 명실상부 왕가의 일원이 되었다.

김정희는 어린 시절을 한양의 월성위궁에서 보냈으며, 그의 아버지는 육조판서를 두루 지내고 평안감사까지 지냈다. 그 역시 성균관 대사성에서 병조참판에 이르는 요직을 지냈다. 정조 때 당대 최고의 권세가인 채제공이 아직 어린 김정희의 글을 보고 대문장가 될 것이라고 예언한 뒤로 그는 학자로, 정치가로, 관료로 조선시대 선비로서는 더할 게 없는 그야말로 최고의 삶을 살았다.

그러나 그의 나이 쉰다섯에 가문은 몰락의 길로 들어서고 그 또한 고난의 행로를 걷게 된다. 무고로 여섯 차례에 걸쳐 혹독한 고문을 당하고 36대의 곤장을 맞으면서 죽음 직전까지 내몰린다. 조선 왕조는 서서히 안동 김씨의 손아귀로 들어가고 청나라는 기나긴 혼란의

歲寒圖

藕船是賞

[illegible]

시작을 맞는다. 이때는 중국인들에게 영원히 수치로 기억될 아편전쟁이 일어난 해이기도 하다.

이후 김정희는 겨우 사형을 면하고 제주도에 유배되었다. 주류 사회에서 밀려난 그는 그곳에서 한 치 앞도 볼 수 없는 절망의 시간을 보냈다. 심지어 제주도 유배 중에도 그의 정적들이 그를 죽이려 하는 바람에 언제나 죽음의 공포에 시달려야 했다. 그런 와중에 그의 버팀목과도 같던 부인이 세상을 떠났다.

〈세한도〉는 김정희가 그 시절 그에게 끝까지 헌신적이었던 제자 이상적에게 그려 준 것이다. 한겨울의 추위가 고스란히 느껴지는 배경 속에 단순한 모양의 집 한 채와 그 주변으로 고목이 몇 그루 그려져 있다. 그림의 발문에는 "날씨가 추워진 뒤에야 소나무와 잣나무가 늦게 시드는 것을 알게 된다."는 말이 쓰여 있다.

그림을 좀 더 자세히 들여다보면, 집 옆에 소나무와 잣나무가 있다. 이는 세상이 변했음에도 이상적처럼 스승에 대한 지조를 잃지 않는 선비를 의미한다. 동시에 파란만장한 삶 가운데서도 결코 꺾이지 않는 김정희 자신의 단단한 내면을 보여 준다. 집은 물리적 공간인 동시에 그의 자아를 상징한다. 집 가운데 부분에 동그랗게 뚫린 창문은 자아의 통합을 위한 상징물이다. 한마디로 〈세한도〉는 유교적 세계관 속에서 만들어진 일종에 만다라이다. 만다라는 동그란 원형의 그림 또는 형상으로 인간 내면의 모습을 의식 세계로 표현하는 심리적 도구이다.

일찍이 칼 융은 전 세계 사람들이 공통적으로 사용하는 원에 대해 티베트 불교의 만다라('마술적인 원'을 의미하는 산스크리트어)를 통해 설명했다. 만다라는 그림, 춤, 조형물뿐만 아니라 둥근 보름달 아래서 원을 그리며 도는 강강술래 같은 행위에서도 나타난다. 융은 "오래전 원시시대부터 문화, 역사, 종교를 초월해 원, 즉 만다라는 인간 정신의 통합과 내면의 질서와 화해를 만들어 내며, 내면의 자기에게 의미를 부여하는 인간 정신의 치유 도구"라고 하였다. 또 "원 그림이 내면의 모습을 잘 드러내 준다."고 하였다. 그는 '누군가로부터 비난을 받았을 때 그린 원 그림이 찌그러져 있었다'는 사실과 '누군가로부터 비난을 받은 사람에게 계속해서 원을 그리게 하거나 모래 위에 원 모양을 만들게 하면 조금씩 마음이 평화로워지고 안정된다'는 것을 관찰하고 발견했던 것이다. 원은 무의식의 영역에서 의식의 영역과 대화를 나눌 수 있게 하고 인간의 내면에 균형과 안정감을 가져다주는 상징물인 셈이다.

〈세한도〉에는 김정희의 내면이 담겨 있으며, 그 중심축은 김정희 자신의 자아를 상징하는 원으로 고난을 상징하는 겨울 풍경 속에서 균형을 잡아 주고 있다.

〈세한도〉는 김정희에게 있어 고난과 절망에도 꺾이지 않고 삶의 균형을 유지하는 자기 내면의 표현이자 동시에 추사 자신에 대한 위로이다. 그림을 그리는 것은 스스로를 데려와 현재의 여기에 존재하는 것을 의미한다. 김정희는 그림을 그리면서 자신의 내면에 고요히 머물 수 있는 공간을 만들고, 잠재된 창조성을 이끌어 냈다.

그 당시 김정희가 처한 불행과 고통을 전제할 때 〈세한도〉에는 인간 정신의 고결함과 인간에게 닥치는 불가항력의 불행을 잘 견디어 내는 삶의 여유마저 보인다. 자신에게 불행을 가져다준 정적들에 대한 분노와 적개심 같은 것은 전혀 찾아볼 수 없다. 나는 〈세한도〉를 통해 예술이 가진 영원성의 힘을 보았다. 예술은 작가 자기의 내면에 집중하게 하여 자기인식을 분명하게 하며, 그것을 보는 다른 사람들에게 그 결실을 훌륭하게 전달한다. 〈세한도〉는 당대뿐 아니라 오늘을 살아가는 우리에게도 시사하는 바가 크다.

우리가 인생을 살면서 경험하는 고통의 절반은 우리의 삶 밖에서 온다. 물론 우리의 삶과 외부 환경은 서로 연결되어 상호작용을 하지만, 종종 우리의 의지와 상관없이 찾아온다. 퇴직, 파산, 상실 등 외부 환경에서 오는 나와 가족의 위기는 때로 속수무책, 불가항력인 데다 선택권이 없기에 우리 내부의 문제보다 더욱 절망적일 수 있다. 김정희가 오십 중반에 전혀 예상치 못한 새로운 인생으로 내몰렸듯이, 자신의 의지와 상관없이 퇴직자가 되어 버린 사람들 또한 그러하다.

직장에 다니지 않고 집에서 소일하는 모습을 가족이나 이웃에게 보이기 싫어 남자들은 아침을 먹으면 등산화 끈을 조이고 산으로 향한다. 산에서 같은 처지의 사람들을 만나 이런저런 이야기를 하면서 하루를 보낼 수 있다면 그나마 다행이다. 대개는 묵묵히 산의 정상에 올라 답답한 마음을 잠시 내려놓고 탁 트인 시야를 둘러보고 다시 산을 내려온다. 산을 내려올 때는 무언가를 성취했다는 마음이 들기보다 그다음에 할 일이 없다는 무료함이 밀려오고, 아래로 내려오면 내려올수록 마음은 더욱 무거워진다. 그래서 발길을 돌려 다시 산 정상으로 향하기도 한다.

한때는 그들도 모두가 부러워하는 기업에서 조직 사회가 주는 안정감과 자부심을 품고서 인생의 절정기를 보냈다. 그러나 예상치 못한 인생의 고난 앞에서 그들은 당황, 절망, 분노를 경험하였다. 간혹 더욱 자기 파괴적인 삶으로 빠져들기도 했다. 창업을 해서 제2의 인생을 훌륭하게 연 사람이 없지 않은 것은 아니나, 장사를 하면서 과거에는 느끼지 못했던 하루하루의 고단함에 자괴감, 패배감을 느끼며 우울해하기도 한다. 좋았던 과거의 시간과 과거 속 자신의 모습만을 보려 하면서 현실을 부정하기도 한다.

인생이라는 사계 속에서 봄과 여름을 다 보내고 겨울의 을씨년스러운 추위에 놓인 사람들에게, 나는 추사 김정희의 〈세한도〉를 보여주고 싶다. 그들도 김정희처럼 자신들의 내면에 '인생의 봄날을 빼앗아 간 사람들과 환경(사회)에 지지 않고 당당히 현재의 삶을 받아들이면서 자아의 균형과 안정'을 갖게 되길 바라기 때문이다.

인생의 고단함과 고통을 아는 사람들에게 〈세한도〉가 위로와 희망이 되어 주길 진심으로 기도한다.